东北大学“百种优质教材建设”立项教材

政府学概论

高　进　编著

东北大学出版社
·沈　阳·

图书在版编目（CIP）数据

政府学概论 / 高进编著. — 沈阳 ：东北大学出版社，2022. 7

ISBN 978 - 7 - 5517 - 3024 - 2

Ⅰ. ①政…　Ⅱ. ①高…　Ⅲ. ①国家行政机关 — 概论 — 高等学校 — 教材　Ⅳ. ①D035. 1

中国版本图书馆 CIP 数据核字(2022)第 114252 号

出 版 者：东北大学出版社
地址：沈阳市和平区文化路三号巷 11 号
邮编：110819
电话：024 - 83683655(总编室)　83687331(营销部)
传真：024 - 83687332(总编室)　83680180(营销部)
网址：http://www. neupress. com
E-mail: neuph@ neupress. com
印 刷 者：沈阳市第二市政建设工程公司印刷厂
发 行 者：东北大学出版社
幅面尺寸：170 mm×240 mm
印　　张：13
字　　数：200 千字
出版时间：2022 年 7 月第 1 版
印刷时间：2022 年 7 月第 1 次印刷
责任编辑：刘振军
责任校对：刘新宇
封面设计：潘正一
责任出版：唐敏志

ISBN 978 - 7 - 5517 - 3024 - 2　　定　价：45. 00 元

目 录

第一章　政府与政府学

第一节　政府与政府的公共性

一、政府的含义

政府作为国家公共行政权力的象征，是公共利益维护和公共资源分配的承载体，是公共规则制定和公共产品供给的实际行为体。政府的含义从不同角度具有不同表述。

政府作为一种机构。英国《大英百科全书》对政府的界定是：由政治单元在其管辖的范围内制定规则和进行资源分配的机构。日本《大辞林》解说政府是：指开展政治活动的机关。狭义上政府是指行政权所属的内阁或内阁及其以下的行政机关的总体。广义上政府是指包含立法、司法的国家统治机构。谢庆奎《当代中国政府与政治》认为，"政府是国家进行阶级统治、政治调控、权力执行和社会管理的机关。"

政府作为一种行为体。英国思想家洛克的《政府论》认为，政府是人们自愿通过协议联合组成的共同体。共同体的权力属于其中的大多数人，政府就是代替大多数人行使权力的裁判者。法国思想家卢梭在《社会契约论》中认为：政府就是在臣民与主权者之间所建立的一个中间体。它负责执行法律并维护社会的以及政治的自由。

政府作为一种组织形式。《布莱克维尔政治学百科全书》指出："就其作为秩序化统治的一种条件而言，政府是国家的权威性表现形式。其正式的功能包括制定法律，执行和贯彻法律，以及解释和应用法律。这些功能在广义上相当于立法、行政和司法功能。"边沁

《政府片论》认为，政府就是引导人们走向幸福的功利性组织。密尔《代议制政府》认为，政府是对人类精神起作用的巨大力量，又是为了公共事务的一套组织安排。

总之，政府是执行国家公共权力，进行政治统治并管理社会公共事务的机关。广义上的政府是一个国家立法机关、行政机关和司法机关等公共权力机关的总称；而狭义的政府仅仅指一个国家中央和地方的行政机关的总和。政府作为国家政权体系中依法享有行政权力的组织体系，是国家权力的执行机构，对国家事务行使着管理、监督、指导、服务、保卫等方面的职能。政府是一类特殊的组织，其特殊性就在于它拥有极大的权力，可以制定政策，颁布法令，并强制性地要求所辖范围内的民众予以执行。

二、政府的公共性

（一）政府公共性的含义

政府公共性问题是一个具有历时性的话题，不同的学者从不同的角度给出了对于“公共性”的本质理解。

最早对公共性进行论述的是汉娜·阿伦特，她在著作《人的境况》中专门提到了公共领域问题。在阿伦特看来，公共领域和私人领域分别与政治和家庭领域相对应，是两个截然有别的空间。她认为公共性包含以下几个因素：其一是公开。它意味着任何在公共场合出现的东西被所有人看到和听到，有最大程度的公开性。其中“在场”体现了世界的真实性，因为在场保证了它可以被看到、被听到。其二是共同。公共一词表示“世界本身”，就世界对我们所有人来说是共同的，并且不同于我们在它里面拥有的一个私人处所而言。因而她认为所谓“公共性”就是指超越私人性个体存在的一种交往关系，它的基本前提就是多元交往主体的“共在”，也就是公共性是一个空间与时间融合在一起的概念，是差异性的同时在场。

德国哲学家哈贝马斯就受到了阿伦特的影响，在他的著作《公共领域的结构转型》中对公共领域进行了专门、集中的阐述，这也使得他对公共领域的观点颇具代表性。哈贝马斯认为，公共性即公共领域，与之相对应，他认为私人领域就是私人性。同阿伦特的看法一致，哈贝马斯认为公共领域和私人领域是相对而言的。弗雷泽也认为公共性区别于私人性，它与所有人相关，并指向共同的善或公共利益。哈贝马斯的公共性包含以下几个基本要素：第一，公众性与批判性。公共领域首先可以理解为一个由私人集合而成的公众的领域；但私人随即就要求这一受上层控制的公共领域反对公共权力机关自身，这种政治讨论手段，即公开批判是前所未有的，且这种批判以建构为基础。第二，公共舆论。公共领域是开放的，它由各种公众之间的对话构成。第三，沟通性。公共领域被描述为一个关于内容、观点，也就是意见的沟通网络。在那里，沟通交流被以一种特定方式加以过滤和综合，从而成为根据特定议题集束而成的公共意见或舆论。第四，公开性。哈贝马斯认为，凡对所有公众开放的场合都称之为公共的。公共性原则的前提是必须永远有公开运用自己理性的自由，并且唯有它才能带来人类的启蒙。

桑内特从公共人的角度对公共性进行论述，他认为公共的行为首先是一种和自我及其直接的经历、处境、需求保持一定距离的行动；其次，这种行动涉及对多元性的体验。这种定位不受时间和空间的限制。具体来说与阿伦特抽象的公共领域不同的是，桑内特更多的是从具体的建筑公共空间论述，他详细刻画了建筑结构意义上公共空间的变化，认为“公共领域的人格本身就是一个矛盾”，这种人格在共同体内部是相互亲密的，具有排他性。

总之，公共性的本质是公共事务尤其是公共政治。共同体中的公共意志、公共移情、公共理性、公共价值、公共需要、公共利益对于个人意志、个人情感、个人理性、个人价值、个人需要、个人利益的代表性或体现度，称为公共性，简言之，共同体的公共性质就是公共性。公共性可以从四个方面来进行理解：第一，公共性是一种批判性的言论；第二，公共性涉及国家的管理；第三，由自我授权的共同体重新界定公共性，关注的核心是公众自治；第四，公共性是建造城市的象征展现，它必须具备不可或缺的政治原则。由此他认为，公共性其实就是政治授权的共同体重新界定公共性的过程，更关系着集体动员的政治过程。因此，政府公共性即政府的公共所有属性，意指政府包括其内在要件——公共权力、外显成分——公共职位，都是属于国家主体——社会公众的。

（二）政府公共性的具体表现和特点

罗尔斯认为，政府的公共性体现在公平公正地分配公共利益，在一个由公众承认的政治正义观念有效调节的社会里，每一个人都接受相同的正义原则。弗雷德里克森认为，政府的公共性更多地表现为一种理念、精神，意味着对于公共服务的召唤以及有效管理公共组织的一种深厚、持久的承诺。

公共性主要是通过政府权力特别是最高权力的属性、公共职位向社会开放的程度等表现出来，并直接与政府的起源、本质与属性问题联系在一起。公共性作为政府的本质属性主要表现在：一是行政主体的公共性，公共行政主体具有代表性、公务性、公益性、行使权力的法定性；二是行政价值观的公共性，提供公共产品和公共服务，维护公共利益，承担公共责任，坚持以人为本，人民利益至上，实现公平公正，兼顾民主效率；三是行政手段的公共性；四是行政对象与目标的公共性，解决公共问题、处理公共事务、满足公共需要、实现公共目标等。

阿伦特认为，公共领域是一个非常丰富的概念，主要是指公共政治领域，它具有四个方面的特点：一是公共领域是个人展现自己的地方，在这里展现的任何东西都可以为人所见、所闻，具有可能最广泛的公共性；二是公共生活的关联性，在这里人们能够相聚、相连又相互分离；三是公共领域的永恒性；四是公共领域的现实性。哈贝马斯认为公共性作为具有开放性特质的范畴，必须首先能够容纳“异质”的个体进入自身，也就是包容性。达尔格伦认为公共领域突出了三个主要的分析维度：结构性、代表性和互动性，这为分析任何给定的社会的公共领域或任何给定的通信技术的贡献提供了分析起点，他更加强调政府在网络公共领域的治理。

郭湛、王维国认为政府公共性有五个特点：共在性、共处性、共和性；公有性、公用性、公利性；共通性、共谋性、共识性；公意性、公义性、公理性；公开性、公平性、公正性。

（三）政府公共性的重要性

阿伦特认为公共领域是一种政治空间，不仅意味着一种开放性，还表示一种积极的政治参与和对多样性的尊重。通过与他人交流，事物自身得到了公开呈现并获得确证，它不仅构成政治公共性的基础，同时也是人们获得自我经验和认识能力的必要途径。

在政治学中，公共性是衡量政府活动性质和基本价值的分析工具，对于政府活动的长远目标、政府公务人员的职业道德以及政府决策对于保障公共利益完整性和完全性具有重要意义；在公共经济学中，公共性有利于实现公共利益和私人利益的均衡；在管理学中，公共性是一种有序的管理过程和价值期许；在公共行政学中，公共性是达成符合公共利益的共识，有利于公共领域的建构及民主价值的实现。

学者们强调公共性的回归或者重构。比如弗雷德里克森认为，公共精神及其所蕴含的公共利益等基本价值是政府公共性的理念支点，是引导政府公共行政的价值导向和保障政府公共性的道德规范。发扬和弘扬公共精神是政府得以维系的前提，是保护和增进公共利益、寻求和保障政府合法性的基础。

第二节　资产阶级主要代表的政府学说

一、洛克与《政府论》

约翰·洛克是17世纪英国著名的政治家、哲学家。他是近代自然法学派的杰出代表，洛克著有很多著述，这些著述承载着洛克政治、哲学、教育等多方面的思想精髓，成为后世传阅研读的著作，其中比较具有代表性的有《人类理解论》《政府论》等。其中《政府论》是一部有关政府理论的思想著作，它是国外政治思想史上首部全面系统论述政府理论的著作。

洛克是近代自由主义的奠基人，他在《政府论》上篇中主要是批判费尔默主张的人生来就没有自由的“绝对主权”思想；而在下篇中则对生而自由的自然权利进行全面而详细的论证。证明理性与法律是在现实生活中获得自由的必不可少的条件。洛克的政府思想里有关生命、财产与自由三项权利中，生命权是所有权利的前提，自由权是一项基本权利，而财产权则是其他两项权利的自然延伸和物质保障。洛克政府思想的进步性主要表现在，洛克已经从自然责任或义务角度转向了自然权利，并把个体的权利作为政治领域的中心和起点。

洛克认为，政府不能只是一个工具性存在，不能只是单纯中性的手段，在人类社会发展进程中，它必须有一个明确的价值倾向作为终极追求的目标，应该以是否实现人的全面自由的发展作为判断依据，自由贯穿于整篇文章之中，自由是洛克的政府理论根基。

《政府论》中个体的自然权利是政府权力的外延限制；社会契约是政府权力的理论基础；分权制衡是政府权力运作的制度屏障，即政府权力的行使是在一定的限度内进行的。洛克政治思想的精髓是政府的“有限性”。洛克的政府理论目标是实现“最弱意义的国家”，也就是将政府权力限制到制度允许的最小程度，政府的唯一目标就是保护公众个人权利，即强调有限性是洛克政府论的核心内容。

洛克的政府理论是一个具有缜密的逻辑结构的统一整体，这一整体既不赞同人人散漫无束的无政府状态，又反对政治权力的利维坦。为了实现个人权利与政府权力之间的和谐，应该在二者之间寻求一种均衡，洛克所论述的政府思想恰好能实现这一目标，既实现了对政府权力有效限制又使得公众权利得到切实保障。

洛克政府思想及其理论学说是一个不可分割的完整体，他的各种理论在内容上具有内在逻辑联系，其中人民主权是政府思想的主线，自由平等是一切理论的基础，有限性是政府运行的原则，依法治国是政府管理的手段。

二、边沁与《政府片论》

边沁是英国的法理学家、功利主义哲学家、经济学家和社会改革者。他以功利主义哲学的创立者、一位动物权利的宣扬者及自然权利的反对者而闻名于世。他还对社会福利制度的发展有重大的贡献。其经典的著作有：《政府片论》《道德和立法原则概述》等。边沁关于政府的论述主要体现在有限政府和主权思想层面。

边沁认为，有限政府应该明确以下问题：第一，建立自由批判原则。在边沁看来，任何东西如果永远不去找出毛病，那就永远无法改正。第二，明确政府活动目标。在边沁看来，政府的主要任务就是实现大多数人的最大幸福。同样，人民也是出于自身的利益而服从政府的。然而，边沁从现实生活的体验中感到，权力的这种特点易于使统治者偏离公共目标，而追求个人利益，为了保证政府是为公共利益服务的，边沁将生存、富裕、安全与平等作为了政府的具体工作目标。第三，实行民主改革，实行人民监督。在他看来，君主政体具有力量的品质，贵族政体具有智慧的品质，民主政体具有善良的品质。三种政体各有利弊，如果结合到一起就可以扬长避短。

边沁的主权思想主要包括：首先，关于主权的界定。边沁指出："当一群人，被认为具有服从一个人或由一些人组成的集团的习惯时，这些人合在一起，便可以被说成是处在一种政治社会的状态中。"他相信"利益能铺平通向信仰的道路"，这正是其功利主义原理在其政治思想上的体现。可以说，边沁的功利主义政治哲学是英国政治哲学上的一次成功突破，为后来的政治主权说的发展打下了基础。其次，关于主权的来源（政府）。政治服从是因为出于人们利益的需要，人们有义务去服从，而不是出于别的理由。因此，主权起源于人们服从习惯的养成，而不是虚构的社会契约的结果。这时，统治者与被统治者也就出现了，国家也就随之而产生。可见在边沁这里，主权是功利原则引导人们选择政治服从的结果，功利主义原理是主权来源的理论根源。再次，关于主权的形式（政体）。边沁讨论了古代政府的三种形式：君主政体、贵族政体和民主政体，并且以最高主宰者自身所具有的特性为区分标准。他说："所谓智慧，是指能够识别这个国家的真正利益；善良是指始终努力去谋求这种真正的利益；力量或实力是指把这种认识和意图贯彻在行动之中。"边沁在《政府片论》中较系统地将此原理运用到了其政治思想领域，驳斥了当时流行的极端主权论、有限主权论及社会契约论思想，论述了其功利主义主权思想，成为英国政治哲学发展链条上的关键一环。从最初对社会契约论的批判，到后来明确主张人民主权说，边沁的主权思想呈现出逐步成熟的过程；在这漫长的发展历程中，其主权思想仍具有某些一以贯之的理论逻辑，边沁自始至终都是用一种功利主义“目的论”论证最高权力的模式，来论证主权的基础和构造实现人民主权的具体制度。可见，虽然边沁的主权思想经历了不同的发展阶段，其理论重心也有所转变，但仍具有内在的连续性。

总之，在《政府片论》中，边沁重点论证了政府的结构和各部门之间的相互关系，这为现代政府理论打下了坚实的基础。边沁抓住了政府只是人民财产的信托者，为资本主义政治社会建构一个理想的政府机构和过程勾勒出了蓝图，这就是《政府片论》的目的、实质归属和价值所在。边沁自始至终都认为，造就一个完美的政治社会在于政府行政和社会政策现代化，而政府行政和社会政策现代化亟须一个权力运行得以有效制约的法治政府的建立，这是国家治理现代化的一个重要标志。

第三节　马克思、恩格斯的政府学说

马克思、恩格斯在多篇论著中都曾论述过他们对于政府问题的思考。例如：恩格斯在《家庭、私有制和国家的起源》中叙述过关于政府起源的理论；马克思、恩格斯在《不列颠在印度的统治》《反杜林论》中叙述过政府职能的问题；马克思、恩格斯在《法兰西内战》中叙述过无产阶级政府管理方式的问题等。

一、政府的起源

马克思、恩格斯通过对前人成果的总结以及对原始社会和资本主义社会的研究，认为国家和政府一方面是随着私有制和阶级的产生而产生，另一方面政府是公共权力异化的结果。

一方面，马克思、恩格斯根据摩尔根的《古代社会》对原始社会的考察，详细论证了国家和政府的起源。原始社会后期，生产力提高使得产品有了剩余，剩余产品导致劳动分工的出现，人群开始分裂为对立的层级和部分，阶级也随之产生。阶级产生之后，由于经济利益分配不均，阶级与阶级之间产生矛盾，这时的社会，或者存在于阶级之间连续不断的公开斗争中，或者存在于凌驾于各阶级之上的第三种力量的统治之下，第三种力量就是作为国家机构的政府。由此，可以看出政府正是随着阶级的产生而产生的。

另一方面，根据马克思、恩格斯的公共权力理论，公共权力的发展分为三个阶段：原初的公共权力、异化的公共权力和复归的公共权力，而政府就是公共权力异化的结果。恩格斯说："国家的本质特征，是和人民大众分离的公共权力"①。随着私有制和阶级的产生，阶级与阶级之间的矛盾不断激化，为了解决矛盾冲突，人们将自己的权力让渡给代表统治阶级的氏族首领或军事首长，氏族首领和军事首长逐渐把公众赋予他的公共权力变为私有权力，并且组建代表本阶级利益的国家和执行本阶级意志的政府。这时，公共权力被异化，即公众将公共权力赋予国家，但国家反过来利用公共权力对公众进行统治和奴役，这种异化了的公共权力的执行者就是政府。

二、政府的职能

马克思、恩格斯认为政府的职能主要包括两大部分："既包括由一切社会的性质产生的各种公共事务的执行，又包括由政府同人民大众相对立而产生的各种特殊职能。"② 其中，"各种特殊职能" 即政府的政治统治职能，"各种公共事务" 即政府的社会管理职能。

一方面，马克思认为政府存在的最主要目的是维护统治阶级的利益，因此政府的任务就是设置机构行使某些职能。政府最基本的职能就是政治统治职能，恩格斯指出："由于国家是从控制阶级对立的需要中产生的，所以，它照例是最强大的，在经济上占统治地位的阶级的国家，因而获得了镇压和剥削被压迫阶级的新手段。③ 马克

① 马克思，恩格斯．马克思恩格斯全集：第 21 卷［M］．中共中央马克思恩格斯列宁斯大林著作编译局，编译．北京：人民出版社，2003：135.

② 马克思，恩格斯．马克思恩格斯文集：第 7 卷［M］．中共中央马克思恩格斯列宁斯大林著作编译局，编译．北京：人民出版社，2009：431-432.

③ 马克思，恩格斯．马克思恩格斯文集：第 4 卷［M］．中共中央马克思恩格斯列宁斯大林著作编译局，编译．北京：人民出版社，2009：191.

思、恩格斯的这些论述表明任何时代，只要阶级存在，政治统治职能反映出的实质就是阶级压迫。政府就是统治阶级用来剥削被压迫阶级的工具，是特殊的武装部队。因此，马克思认为无产阶级应该联合起来消灭资产阶级，国家在由资本主义转变为社会主义的过程中逐渐消亡，它的统治工具政府把政治统治职能回归社会，最终实现共产主义。

另一方面，政治统治职能是政府最基本的职能，却不是唯一职能。恩格斯还指出："政治统治到处都是以执行某种社会职能为基础，而且政治统治只有在它执行了它的这种社会职能时才能持续下去。"马克思认为，社会主义政府的社会管理职能是为全体人民服务的，同政治统治职能一样，社会管理职能也会随着国家和阶级的消亡，共产主义社会管理的阶级性质将不复存在，留下来的只是纯粹的管理和服务职能的趋势发展下去。政府对于社会的管理失去了它原本的政治性质，它不再是阶级统治的工具，只会是协助社会成员进行经济活动的志愿组织，在马克思的预想中，平等的权利、管理的民主等理念，让全社会享有一切经济、文化、科技的成果，最终达到人全面自由的发展。因此，马克思、恩格斯认为，政府的公共管理职能是将给全社会成员谋福利作为最高宗旨的，真正做到了为生产资料公有制和为人的自由全面发展创造条件。

三、政府的体制

政府体制是指立法、行政、司法、军队等不同的政府机构，在一定的组织原则之下，通过承担相应的政府职责，形成的具有特定的法律、政治关系的整体。简单来说，就是指各政府机构之间的关系。

在中央政府和地方政府的关系上，马克思、恩格斯首先批判了资本主义国家广泛采取的联邦制。马克思、恩格斯认为，联邦制是地方自私主义和分散主义，并且丝毫也不能消除官僚政治的弊病。马克思认为，联邦制不利于集中力量组织无产阶级革命，他说："不妥协派以及他们的巴枯宁派的仆从们的联邦主义恰恰就在于，让每一个城市独自行动，并宣布最重要的事情不是和其他城市共同行动，而是和它们分开，从而排除了发动总攻势的任何可能性。”① 同时，马克思、恩格斯指出，中央政府和地方政府的关系应该是集中统一的，在 1848 年 3 月制定的《共产党在德国的要求》这个具体纲领中，第一条就是全德国宣布为一个统一的、不可分割的共和国。恩格斯在《1891 年社会民主党纲领草案批判》中说：“应当用什么东西来代替现在的德国呢？在我看来，无产阶级只能采取单一而不可分的共和国形式。”②

在立法机关与行政机关的关系上，马克思、恩格斯认为，资产阶级议会在本质上是“有产者的统治”，是金钱政治，是“不断践踏人民意志”而不能反映民意的“清谈馆”。在吸收卢梭的思想和总结巴黎公社经验后，提出了“议行合一”理论，认为这是直接民主的一种形式。巴黎公社是世界上第一个“议行合一”的新型政权，马克思在总结巴黎公社的经验时说：“公社不应当是议会式的，而应当是同时兼管行政和立法的工作机关。”③ 巴黎公社的最高权力机关是公社委员会，它由巴黎 20 个市区的工人直接选举产生的 86 名代表组成，它有权通过一切法令，同时直接行使行政权和审判权。尽管巴黎公社仅存在了 73 天，但是这种“议行合一”的政府体制是社会主义国家建立无产阶级政府的重要经验。

四、政府的原则

第一，法治的原则。马克思、恩格斯认为国家和政府建立的同时就要制定自己的法律，并把法律“奉为神圣的东西”。马克思、恩格斯在论述法律和自由的关系时指出：“法典就是人民自由的圣经”④，法律不是压制自由的措施，而是肯定的、明确的、普遍的规范，自由正是在这些规范中所获得的一种不取决于个别人的任性的

① 马克思，恩格斯. 马克思、恩格斯全集：第 21 卷［M］. 中共中央马克思恩格斯列宁斯大林著作编译局，编译. 北京：人民出版社，1965：253.

② 马克思，恩格斯. 马克思、恩格斯全集：第 22 卷［M］. 中共中央马克思恩格斯列宁斯大林著作编译局，编译. 北京：人民出版社，1965：275.

③ 马克思，恩格斯. 马克思、恩格斯全集：第 17 卷［M］. 中共中央马克思恩格斯列宁斯大林著作编译局，编译. 北京：人民出版社，1963：358.

④ 马克思，恩格斯. 马克思、恩格斯全集：第 1 卷［M］. 中共中央马克思恩格斯列宁斯大林著作编译局，编译. 北京：人民出版社，1995：176.

存在。在民主制的国家中，不是人为法律而存在，而是法律为人而存在。社会主义社会政府的法治应是“自由的法律”与“法律的自由”的统一。

第二，民主的原则。马克思曾深刻指出：在民主原则中，“国家制度不仅就其本质说来是自在的，而且就其存在，就其现实性说来也日益趋向于自己的现实的基础、现实的人、现实的人民，并确定为人民自己的事情。国家制度在这里表现出它的本来面目，即人的自由产物”①。这就是说，人民不是为了被统治去建立政府，而是为了保障自身的利益而建立制度与机构。因此，我们说民主原则是最自然、最本质的属性。通过这一属性，我们可以判断一个政府是否民主，如果偏离这一本质属性就是非民主的政府。

第三，廉价的原则。马克思、恩格斯在总结巴黎公社的经验时，还重点论述了廉价政府思想。马克思高度赞扬了巴黎公社在建立廉价政府方面的做法：“公社实现了所有资产阶级革命都提出的廉价政府这一口号。因为它取消了两个最大的开支项目，即常备军和国家官吏。”② 马克思认为，巴黎公社的这种做法不仅可以降低成本，而且还能够消灭社会化大生产与资产阶级私有的腐朽的资本主义所有制，防止政府机关变为“社会的主人”。

五、政府的最终归宿

马克思、恩格斯认为，当阶级消失以后，社会不再需要政治统治，因此，作为政治统治工具的国家将消亡，这时，作为国家机构的政府实体也不再存在。但是，只要有人类的存在，就有公共事务需要处理，虽然社会不再需要进行政治统治的机构，但仍然需要一个履行社会管理职能的机构，只不过这时的社会管理的主体不再是某一阶级或某一部分人，而是全民参与的社会管理，马克思、恩格斯把这样的机构称为“自由人联合体”，这也是政府的最终归宿。

---

① 马克思，恩格斯. 马克思恩格斯全集：第 1 卷［M］. 中共中央马克思恩格斯列宁斯大林著作编译局，编译. 北京：人民出版社，1956：281.

② 马克思，恩格斯. 马克思恩格斯文集：第 3 卷［M］. 中共中央马克思恩格斯列宁斯大林著作编译局，编译. 北京：人民出版社，2009：157.

第二章　政府架构

第一节　政府机构

一、政府机构的含义

政府机构是统治阶级借以行使国家权力进行统治的具体机关，它作为国家的正式组织，是政府职能和活动的载体。在广义上，政府机构指中央和地方的全部立法、行政、司法和官僚机关。在狭义上，政府机构仅指中央和地方的行政机关、官僚机关，即依照国家法律设立并享有行政权力、担负行政管理职能的那部分国家机构，在我国亦称为“国家行政机关”。

狭义的政府机构是指按照国家宪法和法律的规定，行使国家行政权，担负组织、管理国家内政、外交、国防、经济、文化以及社会各个领域行政事务的国家行政机关及其所属部门。我国的国务院及其下属的工作部门是专门承担执行公共政策、贯彻政府意志的行政机构；地方政权组织中的省、市、县、乡四级政府及所属工作部门也属于政府行政机构，它们共同构成了我国政府的组织结构体系。

二、政府机构的特征

政府机构作为一种特殊的行政组织，除了具有其他行政组织所共有的诸如有一定的实体结构、有明确的行动目标、有既定的活动规程、有恰当的角色配置、有合理的功能划分、有完善的法制规则等特点之外，还具有其他行政组织所不具有的特征。

其一，政府机构的组织地位具有独占性和权威性。政府是社会政治系统中十分重要的子系统，在对社会公共权力进行追求、分配与运用的一系列政治活动中，政府扮演着运用公共权力的角色。政府机构作为一种以宪法和法律为基础的行政组织，其特殊性首先表现在它在整个社会中是独一无二的。在正常的情况下，一个国家或地区不可能出现几个政府。政府的这种独占性使得它能够超然于其他的社会组织之上，并且不受竞争规则的制约。政府机构依据宪法和法律行使政权，包括组织机构的构建、组织资源的配置、行政管理法规的制定、行政措施手段的运用，以及管理活动的实施等都必须切实贯彻法治原则。国家立法机关的授权和行政管理法制化赋予政府机构以独特的权威性。政府机构对社会公共事务进行的行政管理具有普遍约束性和一般强制性，在其管辖范围内，各级各类社会组织和公众都必须也必须保持统一的自上而下的指挥与服从式的权力链，并依靠这个权力链支撑和保证整个组织的运营。政府机构所具有的上述特点既为政府在法治社会中依法行政提供了前提和基础，也从客观上给政府机构在法制不健全社会中不科学设置及不规范运作创造了条件。

其二，政府机构的行为对象具有广泛性和复杂性。无论是在哪一种国家制度下，政府机构都要承担管理社会一般公共事务的职能。正如恩格斯所说："政治统治到处都是以执行某种社会职能为基础的。"① 由此所决定，政府机构的行为对象具有相当的广泛性和复杂性。从政府机构管理指向的对象来看，它所面对的是整个社会公众。从政府机构管理所涉及的基本内容来看，它包括了政治、经济、社会、文化、教育、科技、卫生，以及公共安全和公共福利等各种社会公共事务。从政府机构管理涉及的范围来看，它不仅要为国内公众提供全面的社会公共服务，还要面向国际公众；不仅要管理国内社会公共事务，还要承担并履行外交、国防、外贸等涉外职能。加上社会公共事务各要素结构上的复杂性，使得政府机构的行为对象具有其他任何组织都无法比拟的广泛性和复杂性。

其三，政府机构的行为取向具有鲜明的政治性。政府机构是国

---

① 马克思，恩格斯．马克思恩格斯选集：第3卷［M］．中共中央马克思恩格斯列宁斯大林著作编译局，编译．北京：人民出版社，1972：219．

家的重要组成部分，是国家的代表，又是社会政治体制的重要组织部分，是政治体制优劣的具体体现。马克思认为，“行政是国家的组织活动”。① 行政一般是指国家行政机关运用行政权，执行和实现国家意志的政治活动。此类观点提示了政府机构所具有的鲜明的政治性。在我国，根据宪法的规定，中华人民共和国国务院即中央人民政府是最高权力机关的执行机关，是最高国家行政机关，由全国人民代表大会选举产生；地方各级人民政府是地方各级人民代表大会的执行机关，是地方各级国家行政机关。各级人民政府都在本级人民代表大会及其常委会领导下开展工作，对各级人民代表大会负责并报告工作，接受其监督。由于政府机构的设置及其运行状态直接关系到人民群众的利益实现，关系到国家的兴衰和政局的稳定，所以，政府机构必须以党和国家规定的共同的总目标和总任务为核心，并围绕这个核心建立子目标和任务体系，形成统一的、完整的目标任务体系，使处于不同层级的行政部门分担经科学分解后产生的各项子目标和子任务，保证党的路线、方针、政策切实得到贯彻执行，忠实而完全地实现国家的意志。绝不允许政府机构的任何一个部门、任何一个工作人员在工作中搞“独立王国”或“自由化”，以及各种形式的违法、违规、违纪行为。

其四，政府机构管理活动的目的具有非营利性。政府机构是一种非营利性组织，是国家的公共事务管理机关，也是为全社会提供最全面公共服务的机构，它的基本职能就是依法为社会的生存与发展提供积极的、全面的、高质量的管理性服务，富有实效地创造并维持社会生存与发展的秩序，促进社会的可持续性发展。政府机构的存在价值本源于社会生存与发展的客观需要，政府机构的行为标准产生于宪法与法律的规制原则，政府机构的根本目标体现于通过社会服务产生预期的综合社会效益。因此，它自身没有、也不允许有任何特殊的集团性利益，更不容忍政府机构及其工作人员通过垄断和把持行政权，将行政权变成自己谋取私利的政治特权和私有权力，并利用这种蜕变的权力为自己或与自己有利益关系的组织和个人谋取不合法的私利。否则，政府机构就会产生病变，由这种病态

① 马克思，恩格斯．马克思恩格斯全集：第 1 卷［M］．中共中央马克思恩格斯列宁斯大林著作编译局，编译．北京：人民出版社，1956：479.

的政府机构管理的社会也将成为病态的社会。

其五，政府机构的财源取得及运用具有严密的规制性。政府机构的这一特点主要表现在四个方面：一是政府机构的主要收入来源于其管辖之下的公众、企事业单位依法交纳的赋税。此外，某些政府机构也可以通过依法收费、罚款或没收，以及政府间收入（如拨款、补助等）获取可资利用的财务资源。二是政府机构日常的各种财务活动，包括财务资源的取得与运用，都要受到法律法规的严格管束。三是政府机构的理财和会计均要受到预算的严密限制，而且，预算的登记要纳入会计核算体系之中。四是政府机构必须对财务资源的取得和支配运用负责，并定期通过财务报告及其他报告向资源提供者、公众及其代表机构予以报告。

三、政府机构设置的原则

第一，政府机构设置要适应国家政治、经济、社会发展的要求，满足政府履行职能的基本需要。在一定政府任期内，政府机构保持相对稳定，但也要适时进行调整。如法国中央政府的职权比较简化，主要掌管内政、外交、人事和经济发展规划，因而变更比较频繁。德国实行联邦制，联邦与州的职能有明确的划分，联邦政府主要负责制定政策、法律监督和宏观指导及一些特定的直接管理（如税务、海关等），大量的行政管理由州与地方政府执行，因此联邦政府机构比较简单，政府机构设置也较为稳定。宪法和法律未对机构设置的数目作明确规定，机构设置、名称等由总统和总理审定。

第二，综合设置政府部门，实行大部门制。综合设置政府部门是市场化程度比较高的国家普遍实行的一种政府管理模式。如英国除内阁办公厅和委员会外，内阁部门一般 20 多个；法国中央政府除有关国家主权类的部门职能比较单一外，其他经济类、社会事务类、教育文化类等部门的职能较多，目前有 20 个部；日本政府具有经济职能的行政机构较多，但内阁部门较精干，只设 1 府 11 个省。同时，为加强政府执行力，有些国家设置执行机构履行政府执行职责，实行决策权与执行权的适度分离，如英国中央政府设立大量执行机构履行执行职能；有的国家在地方设置分支机构负责法律、政策在地方的执行。

第三，特别重视设置决策研究咨询机制和辅佐机构。有些国家为协助政府首脑进行科学决策，建立了比较规范的决策研究、咨询机制，如美国总统的办事机构，英国内阁办公厅下的内阁秘书处和各种委员会、分委员会和专门小组，日本内阁府为妥当处理事务设置的合议制机关。

第四，政府机构设置及其调整遵循法治原则。国外国家多实行“组织法定”原则，政府机构的设置、权限及其变更主要通过宪法(惯例)、法律来规范。如日本根据宪法制定了《内阁法》《国家行政组织法》《内阁府设置法》《各省厅设置法》等，依法规范政府机构的设置；为加强灾后重建和核电站事故处理，日本国会制定《复兴厅设置法》，日本政府依法设置主管“3·11”地震灾后重建和福岛核电站事故处理的复兴厅。

第二节　政府规模

一、政府规模的含义

政府规模是以职能和权力配置为基础，遵循一定的组织原则，履行政治责任、践行经济管理角色、生产主要的非市场化的服务和物品满足个人或集体消费、对收入和财产进行再分配的全部政府部门的总和。从数值维度看，政府规模是政府机关在管理领域内和管理人口数量上相对应设立的组织机构体系和行政职位的数量。在现实条件下，政府规模强调的是根据政府的职能及权力、政府行政机构数及公务人员数、政府行为成本而共同划定的政府行政活动的区间。

政府规模通常以财政供养人口数占总人口数的比重来表示。政府规模具有层次性、功能性、结构性、整体性的表现特征，用来体现政府的运行状况，特别是政府经济的运行状况。也就是说，政府机构的有效运行、政府行政活动范围的确定以及政府财政规模的大小都依赖于财政体系。

二、政府规模的影响因素

政府规模需要考虑政府职能、政府机构和行政行为成本。综合来看，决定地方政府规模的因素主要有三个方面，即经济因素、政治因素和社会因素。例如经济的发展速度，政府对市场的监管力度等都作为经济因素。政府的职能定位、政府的制度规定等都作为政治因素。人口的数量与增长、劳动力的就业情况以及社会的自我组织能力等都作为社会因素。单因素而言，主要有以下几种。

其一，财政分权对政府规模的影响。

财政分权会促使政府规模缩小，这一结论利用 1946—1985 年美国联邦政府和地方各级的一系列数据得出，模拟了受自身利益约束驱动的公共部门的行为，认为财政分权与政府规模之间是反向关系，财政分权会导致政府规模的缩小，验证了“利维坦假说”。随后，以美国 48 个州以及 43 个国家的横截面数据作样本对“利维坦假说”进行了检验，结果表明，财政分权与政府规模之间的关系并不显著。但是，也有学者使用我国 1952—1997 年数据和根据 1978—2004 年中国的省际面板数据进行回归分析，研究表明，中国政府规模和财政分权之间是正相关的关系，也就是说分权程度的加大导致了政府规模的扩张，否定了“利维坦假说”。这些成果充分说明，财政分权根据不同的国家体制对政府规模具有不同影响。

其二，经济发展水平对政府规模的影响。

一种观点认为经济增长与政府规模之间是正相关的关系。通过对 115 个国家的 1960—1980 年的数据进行研究，运用计量工具对政府规模的大小与经济增长之间进行了回归分析，结果得出两者之间系数为正，也就是说经济发展水平越高，政府规模越大，并且这种正效应在低收入国家更加显著。利用我国 1979—1998 年的数据，以 GDP 的增长率作为被解释变量，以政府消费支出的增长率作为主要的解释变量来研究二者之间的关系，回归结果得出政府消费支出增长率与政府规模之间是显著正相关的，也就是说经济水平的提高能够促进政府规模的扩大。

另一种观点认为经济增长与政府规模是负相关的。国外有学者通过使用98个国家1960—1985年的数据进行分析，得出经济增长水平的提高会导致政府规模的缩小。中国部分学者利用2003年中国30个省市区数据为样本建立回归模型。研究发现经济发展水平是影响政府规模最重要的因素之一。经济发展水平同政府规模负相关，即我国省级政府规模随着经济发展水平的提升而缩小，这也说明了瓦格纳法则在现阶段的中国并不适用。

其三，对外开放程度对政府规模的影响。

部分学者认为对外开放程度与政府规模之间是正相关的关系。如利用18个OECD国家的数据对贸易开放与政府规模之间的关系进行了考察，回归结果发现，对外开放程度越大，政府规模越大。因为经济越开放，外部的风险冲击也会越大，因此要应对这些外部风险，政府支出就会增加，政府规模也因此扩大。部分学者持相反的观点，通过对96个国家1970—2000年的面板数据进行研究，结果发现较低的开放程度导致了较大的政府规模。

其四，人口规模、地域面积等对政府规模的影响。

有学者选取1995—2006年全国省级数据为样本，对人口规模等因素与政府规模之间的关系进行了实证分析，结果发现人口规模对地方政府规模有正的促进作用。还有学者将2007年四川省177个县级行政单位作为研究样本，研究表明，人均财力与政府规模存在正相关的关系，地域面积与政府规模之间是倒“U”形的关系。

三、政府规模的衡量标准

政府规模测量指标各国不同，不同国家的政府规模在不同时期也总是处于动态变化之中。传统的基于政府雇员的测量方法不能全面考察政府规模所内含的动员能力、干预能力和汲取能力。伴随着研究进展，将政府支出占国民收入之比作为衡量政府规模的指标得到越来越多的关注。

学者主要集中在利用经济发展水平指标以及财政指标测量政府规模，如有学者使用政府消费占总消费的比重、转移支付和补贴占GDP的比重、国有企业投资占总投资的比重和最高边际税率四项指标的加权来衡量政府规模。当然，这也备受争议，如：过度的政府采购可能会扩大政府活动的边界，带来公共产品价格提升。

测量政府规模的指标大体可以分为两类：绝对值指标和相对值指标。绝对值指标主要包括：政府机构的数量、公职人员的数量、政府行政消耗费用的数量等。相对值指标主要包括：政府消费或政府支出占 GDP 或 GNP 的比例、公职人员占总人口或经济活动人口的比例、政府收入占 GDP 的比重。

此外还有加权指标，即通过对若干相对值指标的加权来衡量政府规模，如政府总消费支出占 GDP 比例；政府部门人均消费与全国人均 GDP 之比；财政供养人口指标；官民比、公众自主系数、公务员占总人口比重。这些研究成果建立各具特色的政府规模测量指标体系，为开展适度规模政府建设提供了有益的参考。

我国国家治理现代化面临的重要调整体现为平衡治理规模并削减由此产生的治理负荷，即强调治理的人口、空间规模、治理内容和治理形式等相互适应。当然，为了应对治理负荷的挑战，扩张政府规模便成为解决这类问题的技术手段之一。但由于政府规模体现出双刃剑的特征，当我们在讨论政府规模时，不仅仅要讨论政府规模的大小，更需要关心政府规模在不同历史时期的阶段性溢出效应特征及其差异。

四、政府规模适度化

政府的最优规模曲线，指出当政府规模比较小的时候，政府财政支出的增加会促进产出的增加，但是一旦政府规模超过临界点，政府财政支出对产出的促进作用就会递减，即在该临界点上，政府支出的边际效应为零，从而存在政府的最优规模。这一结论得到了很多实证检验的支持。有的学者以政府支出与 GDP 的比值来看政府规模，从 1870—1995 年这一百多年间，某些发达国家的政府规模由 10%左右增加到 50%左右，经合组织国家的政府规模从 20 世纪 70 年代初期的 30%~40%之间升高到 1995 年的 40%~55%之间，甚至有些国家超过了这个比例。发达国家的政府规模在 45%左右比较适度，而经合组织国家以 26%为宜。还有学者采用西欧 12 个国家 37

年的数据，以政府的消费支出占 GDP 的比重来衡量政府规模，并拟合了最优政府规模曲线，结果发现适度政府规模是在 37%~46%之间。也有学者研究了 1960 —1985 年间 118 个国家的政府规模，以政府消费支出占 GDP 的比例来衡量，结果得出非洲的适度政府规模为 20%，亚洲的为 25%，欧洲的为 18%，南美的为 33%，北美的为 16%。

从经济学角度来看，适度政府规模就是指能够实现帕累托最优，也就是说使政府规模的水平达到边际成本等于边际收益这个点上。适度的政府规模具有的特征包括如下几个方面。

第一，从机构规模的角度来看，当政府所设的机构过多，政府规模就大，但是机构过多过细，会出现机构臃肿、职能交叉的现象，反而会使各个部门不能很好地明确自己的责任，使办事效率低下，政府成本增加；而当机构过少，政府也就不能很好地配置，在遇到问题时也会捉襟见肘。因此政府规模不能过大也不能过小，要有一个合理的度，使各级政府所需的机构数量要能够符合当地经济以及社会发展的具体情况，使各个部门密切配合，良好运转，以最小的成本带来最大的收益。根据政府基本职能的规定，对单一制国家来说，中央政府机构设置在 30 个到 40 个部门之间是比较适度的。

第二，从人员规模的角度来看，以政府公务员的数量与总人口的比例来衡量这个指标。如果人员规模过大，所需要的管理成本增加，给公务员的福利也会增加，这就会导致政府规模的扩大。因此，当这个比例适中时政府规模就比较适度，从国际上来看，一般认为政府公务员数量占总人口的比重为 2. 8%左右是适度和科学的。

第三，从政府财政支出的角度来看，以政府财政支出占 GDP 的比重来衡量。适度政府规模要求这个比例应该恰当。适度的政府规模应该是政府的财政支出被充分利用，同时这些支出应该完全投入到政府的功能之中，使政府资源配置达到最优，同时保证政府职能供给的有效性。在现代化的起步阶段，政府规模在 20%左右比较合理。

第三节 政府层级

马克斯·韦伯认为现代官僚制最重要的特点是理性化，行政人员接受过专门培训并严格照章办事，既有专业分工，又有层级体制。因此，政府层级是政府学研究的重要课题。

一、政府层级的含义

政府层级，又称为行政层次、行政层级，是指在纵向分工基础上形成的政府等级结构和层次数目。它有着明确的标的对象，即指在纵向上存在隶属关系的各级政府。

有关政府层级的研究大多出现在政治地理学或区域政治学、行政学类的书刊之中。在美国，政府和学术界对大都市区的政府层级与行政管理体制的研究十分热门。我国历史悠久，有关政府层级的著述古已有之。《禹治》一书中即有“九州制”的论述，是我国历史上最早的政府层级记录。

20世纪的60年代，不同学科的学者从不同角度发表文章，对大都市政府进行分析：政治学家揭示了大都市区政府分治的效果与本质；经济学家探讨了部分大都市区提供公共服务设施的有关财政方面的问题；地理学家则阐释了大都市区空间范围和分治的内涵。进入90年代，美国大都市区的政府层级问题再度引起广泛讨论，涉及政治学、社会学、经济学、地理学、管理学和城市学等多个领域。国外政府层级问题的研究是多学科共同参与进行的，政府层级的研究紧紧围绕城市进行，特别是城市群区域的政府层级问题是研究的重点，并且城市政府层级的研究紧密结合城市公共经济与行政管理体制改革等，具有综合性和针对性。

改革开放以来，我国学界开始注意研究政府层级问题，我国的政府层级研究由此进入新阶段。我国学者认为，政府层级也称行政层次，是指建立在纵向垂直分工基础上形成的政府等级结构和层次数目，是不同级别政府机构的纵向设置。

二、政府层级的管理

综观世界各国，地方政府层级非常复杂。个别国土面积狭小的国家不分级，由中央政府直接管理。有的分一级，有的分二级，也有的分为三级、四级，如果算上上级政府的派出机构，甚至有的分五级、六级。其中，以二级、三级最为常见，一级和四级次之，无级别的最少。无级别类型国家中只设中央政府，而无地方政府，因此无层级可言。世界上属此类型的国家很少，如亚洲的新加坡、欧洲的梵蒂冈，均属城市国家。一个城市便是整个国家，而且首都与国名相一致，没有政区划分。还有像非洲的塞舌尔、大洋洲和美洲的一些岛国，独立时间短，面积小，人口又少，故也无行政区的划分。

全世界实行二级制的国家较多，可将其分为几种类型：一是面积和人口规模都较小的国家（如瑞士等），面积都在万平方千米以下，绝大部分国家的人口不足万人，没有必要划分过多的层次。二是面积较大、人口却不多的国家（如蒙古）也没有必要划分过多的层次。三是人口或面积都具相当规模的国家。就国家结构而言，既有单一制的国家，也有联邦制的大国。前者典型的国家如日本，其实行二级制的一个重要原因在于它推行的地方自治制度。地方自治体分别处理属于自己管辖的事务，在法律上没有严格的上下级隶属关系，受到有效管理幅度的影响力较小，因此行政单位间所分的层次即可相应减少。后者如澳大利亚、墨西哥等，都是世界上排名前十位的面积或人口大国。这些国家之所以实行二级制，一个共同的特点是其联邦制的国家结构。一般而言，实行联邦制的国家，各成员单位拥有较大的自主权，政区能较长时间保持稳定，不轻易变动，而且因为实施地方自治，没有必要多分层次。三级制类型的国家行政层级，除高层地方政府外，还有中间层和基层两级地方政府。世界上三级制的国家最多，大多是中等规模以上的国家。可将这些国家分为四类：第一类是联邦制国家。德国为其典型，联邦德国与民主德国统一后的德国由各个州组成。州和联邦一样都拥有各自的议会、政府和法院，州下属的地方政府一般分为县市和乡镇两级。第二类是单一制的资本主义国家。比较典型的有西欧的法国、英国、意大利、西班牙等国。第三类是历史上较早推行社会主义的国家，如俄罗斯、越南等。第四类是发展中国家，如南亚的巴基斯坦、孟加拉，非洲的尼日利亚、毛里塔尼亚、苏丹、埃塞俄比亚，拉丁美洲的秘鲁、阿根廷、智利等。四级和四级以上即多级制的国家，总体数量不多，且多为发展中国家。实行多级制的国家有的是社会主义国家，如中国、朝鲜等，国家结构和政治运行的民主集中制是形成政区层层划分的主要原因。发展中国家虽国情不一，但由于长期的殖民统治和封建统治，复杂的地理、人文环境，社会发展程度较低以及地方自治发育不快等因素，是造成多级制的重要原因。

不同的国家，由于地域大小、人口规模的不同而有不同的结构形式。社会历史、社会经济特征以及国家现行的结构形式的不同，也会使政府的管理层级表现出较大的差异。一般来说，单一制国家的政府管理层级比联邦制国家多。在单一制国家中，实行地方分权的地方政府，管理幅度较小，管理层次就相对增加。而实行政治性分权的联邦制国家中，由于上级政府通过制度规范来约束和监督下级政府，地方政府的管理幅度较大，其管理层次相对较少。

概而言之，国外地方政府层级设置的特点主要有以下几点：一是地方政府的行政层级普遍比较少，大多实行二级制或三级制（虚三级），呈现扁平化结构。二是地方政府管理幅度具有逐步扩大趋势。随着地方政府管理层级的减少，地方政府的管理幅度就会相应增加。三是中央政府和地方政府的权责划分较为清晰。中央政府只负责地方政府管理不了的事务。地方政府一般再次将职能授权给基层政府，便于向公众提供公共服务。

三、政府层级的影响因素

政府层级受不同国家历史文化传统、国家结构体制以及国土面积大小和人口数量、密度等因素的影响，差别很大。行政层级结构是由于行政单位的相互隶属关系构成的，影响行政层级结构安排的因素，从根本上讲，是同这个国家的规模直接相联系。面积大、人口多的国家，层级数通常都会比那些面积小、人口少的国家多。为居民和居民活动形成的公共事务以及由此而为居民提供所必需的管理和服务，是国家政权机关活动的中心内容。

一个国家的基层行政单位的数量，是形成该国地方行政层级体系的基本前提。基层行政单位的设置，取决于必须便于人民参政和便于行政管理，因而其辖域的居民数量必然会受到一定的制约。反之，面积影响不如人口那么大。在一般情况下，基层以及中层单位之间，人口差异要小于面积差异，当然这并不是说地域面积的大小，对于层级安排完全不起作用。因为对于一个基层单位来讲，其辖区面积过大，显然是难以承担全部直接责任，在此情况下，就必须考虑辖区面积可能达到的上限。

国家结构形式、历史因素、政治因素、行政管理因素等也在一定程度上对层级划分起着重大影响。

以国家结构形式为例，在采用联邦制的国家中，由于上级政府是通过法律监督来完成对下级政府的管理与控制，因而其有效管理幅度就可以扩大，从而可以减少层级。在采用单一制的国家，由于上级政府对下级政府多采用行政控制，有效管理幅度比较有限，因而就可能导致层级的增多。一个国家的基层单位数量一旦确定以后，其中层单位的具体安排，则受管理的因素影响。但是，更为重要的，则是最高层单位的确定。最高层地方行政单位设置是政治抉择的产物，因而在面积、人口上的差异就比较大。同时它在总量上又受到中央控制能力的影响，有一定的限度。在这种上下两个层级地方行政单位设置都受到某种定量因素制约的情况下，中间层级行政单位的安排就可能出现差异一个或两个层级，这不仅会出现在不同国家之间，也可能导致一个国家在全国范围内行政层级安排的不统一。单一制国家情况也是如此。历史因素在相当程度上也有重大的影响。例如中国，自元以来，省、县之间就存在有一个中间层级，这一方面是经验的历史总结，同时也形成了一种传统的管理模式。

四、政府层级与政府幅度

管理幅度原本是指一个管理者直接指挥的下级的数目。在政府理论中，政府管理的幅度主要指：在其管理层级既定的条件下，一个政府具体管辖的地域范围、人口数量、事务巨细繁杂，等等。对于政府的部门和工作人员而言，同样存在着管理幅度问题，因为注意力跨度能同时给予注意的事项的数目是有限的。换言之，政府、政府部门和政府工作人员的管理工作同样都受到控制幅度原则的制约。

政府幅度，具体涉及三个维度：政府组织结构层面，是指每一级政府所能直接管理的区域或范围，包括自身部门和人员；政府权力结构层面，是反映各政府组织所辖权力的大小；政府利益结构层面，是反映各政府组织在整个利益结构中的利益地位。

在政府管理中，幅度构成组织机构体系的横向结构，层级构成组织结构体系的纵向结构，两者结合组成政府的整体结构。政府层级与行政幅度密切相关。一般情况下，政府层级与行政幅度成反比。政府管理层级越多，幅度越小；政府管理层级越少，幅度越大。

世界各国行政实践表明，区域范围越大、管理集中程度越高、计划经济比重较大、经济技术落后、地理及交通条件较差，行政体制上往往呈现较多政府层级的金字塔模式；反之，则呈现较少政府层级的扁平化结构模式。

五、政府层级管理改革的发展

（一）政府层级的趋势

在当代世界独立国家中，除梵蒂冈、新加坡、塞舌尔等极少数袖珍国家不设地方政府、少数国家只设一级地方政府外，大多数国家的行政层级实行两级制或三级制。当今世界上只有七八个国家实行四级制，它们基本上都属于发展中国家。从各国地方政府层级发展的一般趋势而言，有逐步减少的趋势。

首先，在当代世界独立国家中，实行二级制、三级制的国家很多，有近 130 个，而实行四级制或以上的国家近 20 个。约 90%的国家实行的是一、二、三级制，也就是地方政府层级结构以“扁平化”为主。

其次，各国在行政区的改革中，普遍采取了减少管理层级的做法。比如，日本在1926年的行政区划改革中就撤销了中间层级的郡级建制，而形成了都道府县、市町村二级制的区划制度。印度在1997年提出取消村级建制，实行邦以下县、乡二级制的区划制度。苏联在20世纪30年代的行政区划改革中，撤销了专区这一层级，基本上确立了三级制的结构。

再次，世界上的一些面积或人口大国，也基本上实行二级或三机制。如加拿大、澳大利亚等面积很大的国家，都实行二级制，美国为二级、三级制并存。俄罗斯也以三级制为主。

（二）政府层级的发展路径

随着各国经济的发展和科技的进步，政府组织结构扁平化已经成为世界各国行政改革的趋势。在各国政府组织体制中，政府层级和冗员过多、中央与地方权限无法有效厘清、行政效率低等现象普遍存在，是各国亟待解决的问题。因此，20世纪80年代以后，许多国家积极进行了行政革新，被称为政府再造运动，主要内容有：一是简化过度肥大的政府组织，提升行政效率，避免层级过多；二是严格抑制公务员人数；三是适度向地方政府授权，下放行政审批权限；四是建立小而能的政府，让民间参与公共事务。

国外国家政府层级的发展路径大致如下：一是政府层级逐渐减少。当今时代由于信息化和网络化的快速发展，不仅企业管理的组织结构在朝扁平化方向发展，政府管理的层级结构也在朝着扁平化方向发展。二是地方政府管理幅度具有逐步扩大趋势。随着地方政府管理层级的减少，地方政府的管理幅度就会相应增加。三是大都市区实行多中心合作的治理体制。许多大都市并未建立统一的政府机构，而是存在着多个政治实体，中心城市和郊区市镇在行政上互不依属，都是平等的政治实体，分别独立行使自治权。四是实行以行政分权为核心的主体制度。主要是实行地方行政团体的法人制度。地方行政团体相对独立但又受国家的监督。

适应世界政府改革的总趋势和要求，围绕扩大地方政府管理权限、减少地方政府中间层级，我国理论界也提出了不少具有现实意义的建议与设想。《面向二十一世纪的中国政府再造：基本战略的选择》中提出，要赋予地方必要的权力，让地方有更多的因地制宜的灵活性，发挥地方经济的积极性和创造性。我国历次政府改革，都有不同程度的出自财政、机构、人员的压力。政府改革的被动适应性远远大于主动的前瞻性，面对不断变化的政治、经济、社会、文化以及国际环境，政府改革应当以前瞻性的创造精神、以行政的发展推动社会的发展。理论上政府管理体制最适当的管理层级是三级：一是中央政府，统管全局并负责对外事务：二是省政府，负责联络中央政府与基层政府间的关系；三是基层政府，直接面向社会。

当然，政府层级的改革发展不能脱离具体的国情，省直管县、扩权强县、撤县设区、撤镇设市等都是政府层级改革发展现实实践中的有益尝试。

第四节　政府体制

一、政府体制的含义

所谓体制，主要指管理机构和管理规范的结合体或统一体。不同的管理机构和不同的管理规范相结合就形成了不同的体制。体制是一个以权力的配置为中心，以结构、功能、运行为主体，以及各种设施和相应的规范所构成的体系。

对于政府体制这一概念的内涵与外延，存在广义和狭义的不同理解，主要原因是由于对政府概念的理解存在广义和狭义之分。一般的政府学理论认为，广义上的政府泛指各类国家权力机构，包括一切依法享有制定法律，执行和贯彻法律，以及解释和应用法律的公共权力的机构，即我们通常所谓的立法机构、司法机构和行政机构，从这一意义讲，《布莱克维尔政治学百科全书》中将政府定义为国家的权威性表现形式。政府体制包括政府职能、政府组织结构、上下级政府之间的关系、政府的管理和运作方式等。政府体制是政府内部的各个组成部分之间形成的具体关系和结构的制度化形式，是按照宪法和法律的规定，设置政府机构，规定政府的管理权限、责任、组织形式、运行机制等各项制度的总称。狭义上的政府概念主要指国家机构中执掌行政权力、履行行政职能的行政机构。中国政府体制，是指行政系统的权力划分，组织结构，职能配置，运行机制，行政与立法、司法的关系，党政关系，以及行政规范、行政环境等诸多因素的有机结合。

二、政府体制的类型

随着社会的变化发展，不同社会制度的国家政府体制的差异性有缩小的趋势，但仍有各自特点，主要有这样几种划分方式。

（一）依据议行关系划分

立法机关与行政机关的相互关系，是对政府体制进行分类最普遍应用的标准。根据议行关系的实际情形，现代政府体制可以分为两种模式：三权分立的政府体制和社会主义的人民代表大会政府体制。三权分立的政府体制是现代资产阶级国家政权最普遍的制度模式，世界上大部分资产阶级政权都是按照分权与制衡原则构建和运行的。

三权分立的政府体制主要有三种类型：其一，以美国为代表的总统制。其二，以英国和日本为代表的内阁制。其三，以法兰西第五共和国为代表的总统—内阁混合制。

中国的人民代表大会制度是社会主义中国的政府体制。

（二）依据国家结构形式的划分

国家整体与部分之间权限划分的状况，是从国家结构形式上对政府体制进行分类的主要依据。国家结构形式的实质，是一个国家在地域上的各个组成部分以什么形式整合为国家的问题。依据中央和地方之间权力分布的实际情况，现代政府体制主要可以分为两种模式：单一制和联邦制。

单一制：单一制主要有两种类型。其一，以法国为代表的中央集权型单一制；其二，以英国为代表的地方自治型单一制。中国的国家结构形式是统一的多民族的中央集权型单一制。

联邦制：联邦制主要有两种类型。其一，以美国为代表的自治色彩较强的联邦制；其二，以俄罗斯为代表的集权色彩较强的联邦制。

三、政府体制的影响因素

各个国家的政府体制不同，主要受以下几个因素的影响。

（一）政治因素

国家的政治制度决定着政府体制的性质和运行的基本方向，政府体制必须与政治制度相适应、相协调，并随着基本政治制度的发展而相应变革。例如中国是共产党领导的社会主义国家，实行民主集中制，人民代表大会制度是我国的根本政治制度，政府体制的运行原则是要对人民负责。

（二）经济因素

政府体制要与社会经济发展相适应，经济的发展和经济体制的变化要求政府体制进行改革，促使政府体制转变管理职能、方式和手段。经济发展是政治体制改革的一个影响因素。经济体制的革新是为了促进经济达到长期稳定发展的目标，从而为社会大众的生活提供更多便利。不过从全球发展历程来看，经济发展和政治体制的确定和实施没有显著的直接关系，民主程度和经济发展速度也没有直接的相互作用。

（三）文化传统

文化传统对各自国家的政府体制有着潜在和深远的影响。如美国的政府体制就深受崇尚个人主义和自由主义，推崇法治精神等民族文化传统的影响；德国的政府体制受整齐划一与法律条文完整、统一等民族文化传统的影响。

第三章　政府职任

第一节　政府职能

一、政府职能的含义

职能，泛指一定的人员或组织所具有的职责和功能。政府职能是指政府在社会经济发展中承担的职责和应该发挥的作用。这个定义强调三点：第一，政府应该做什么。政府具有什么样的功能，扮演怎样的角色，发挥何种作用。国家行政机关应运用管理、政治以及法律的理论和过程来实现立法、行政以及司法部门的指令，为整个社会或者社会的局部提供所需的管制与服务功能。第二，政府不应该做什么。政府不是什么事情都应该干，政府职能应该有边界，只有这样，其他社会主体才能有效发挥作用，才能促进社会公平和社会效率。第三，政府应该做的做得怎样。

仅仅从政府应当“做什么”的意义上界定政府职能是不够的，因为它所欠缺的恰恰是没有明确政府在特定情况下到底应该怎么做。出于公众健康的考虑，政府有正当理由关注供水问题，但并不必然意味着政府是自来水的唯一供给者，可以允许私营部门在政府管制的情况下提供这些公共物品。即使政府的干预具有正当性，政府工具的选择和公共政策的制定也绝不是什么可有可无的小事。

因此，政府职能是行政主体作为国家管理的执行机关，在依法对国家政治、经济和社会公共事务进行管理时应承担的职责和所具有的功能。它体现着公共行政活动的基本内容和方向，是公共行政本质的反映。

二、政府职能的构成

政府职能是一个完整的体系，可以也应该对它作分类研究。依据不同标准或从不同的视角出发，政府职能可以分为不同的类型。从内容含量角度研究政府职能，人们一般用小政府、大政府，或者消极政府、积极政府等词汇来描述，进一步细分为小政府、一般政府和大政府三类。小政府、一般政府和大政府的大体职能如表 3-1 所示。

表 3-1　小政府、一般政府和大政府职能

小政府	提供纯粹的公益物品 国防、法律与秩序、财产所有权、宏观经济管理、公共医疗卫生		保护穷人 反贫穷计划 消除疾病
一般政府	解决外部性问题 基础教育 环境保护	规范垄断企业 公共事业法规 反垄断政策	提供社会保险 再分配性养老金 家庭津贴 失业保险
大政府	协调私人活动 促进市场发展 集中各种举措		再分配 资产再分配

从政府职能层次上看，政府职能可以分为三个层次：第一，执行现行法律的那些行动。这一类行动包括霍布斯所说的居住的合法行动。第二，包括现行法律范围内的集体行动的那些活动。这一套活动包括提供资金，供给和提供公众所需的商品和服务。个人和私人团体在现行法律范围内的活动可能不足以充分供应那些商品和服务。第三，包括改变法律本身和现行成套法律规定的那些活动。从政府职能的领域看，我国台湾张金鉴教授总结了很多研究成果，认为政府职能大体可以分为维持、保卫、扶助、管制、服务、发展等六个范畴。从经济学的角度研究政府职能，它主要强调市场优先，政府职能主要是弥补市场不足。如美国学者安德森提出，政府应该有七项基本职能：提供经济基础；提供各种公共商品和服务；协调与解决团体冲突；维护竞争；保护自然资源；为个人提供获得商品

和服务的最低条件；保持经济稳定。

政府职能分为政治职能、经济职能和社会职能。政府的政治职能是指政府在国家和社会中所起的政治作用。政府的政治职能包括政治统治职能、保卫国家主权的职能和民主职能。政府的经济职能主要指政府在经济生活中承担的经济角色。政府的社会职能有广义和狭义之分，广义的社会职能是指所有社会管理职能，狭义的社会职能是指政府除了经济职能和文化职能之外的社会管理职能。政府的社会职能比较广泛，主要有下列内容：维持社会秩序、保证人身安全和私人财产安全的职能；确保社会公平分配的职能；环境保护的职能；社会保障的职能；等等。

三、政府职能的特性

（一）全方位与多层次的统一

政府职能的结构极为复杂，从横向上分析，政府的地位决定了自身必然渗透到社会的方方面面，其职能涵盖社会各个领域，体现在对整个社会的管理和控制上。客体的多元性要求政府职能不应局限和停留在某一方面，从事单一的行为和活动。从纵向上看，政府职能表现为一定的层次性，处于不同层次的政府部门，行使职能的范围、内容和方法不尽相同。

（二）从属性与权威性的统一

作为国家行政机关的政府，尽管处于相对独立的地位，但并不是抽象和绝对独立的，其职能从属于国家性质，体现国家的意志和利益。政府职能的内容和手段无不反映国家的性质，在人类历史上，既没有抽象的政府职能，更没有脱离国家性质的政府职能。政府职能具有极强的权威性，特别是中央政府的职能，在执行过程中具有无可争议性，并对全社会有普遍的约束力，令行禁止是政府职能最起码的要求。

（三）恒定性与动态性的统一

政府职能的基本内容贯穿于政府活动的始终，与政府相伴而来，共存同亡。无论何种类型国家的政府，都必须具有一定的职能。然而政府职能的这种稳定性就其基本内容而言，具有相对性，如同其他事物一样，政府职能不是僵死不变的，而是处在瞬息万变之中。

（四）普遍性与特殊性的统一

任何国家的政府都承担着一些基本职能，即都有维持政治统治和负担社会管理这两大职能，这体现出政府职能超越疆域和社会制度的共性。但由于政府职能归根结底是为了满足经济社会发展的需要，而各个国家和地区的社会制度不同，社会经济发展水平有异，因此各国政府的职能也呈现不同的特性。

四、政府职能的转变

政府职能是政府的重要构成要素，正确地确定政府职能，对于正确发挥政府管理的历史作用，建立合理的行政组织系统，有效地组织各项管理活动，有着十分重要的意义。第一，政府职能是建立行政组织的根本依据。政府职能的状况很大程度上决定了政府组织的设置、规模、层次、数量以及运行方式，政府职能是一个完整的职能体系，因而政府组织也应是一个有机的体系。第二，政府职能的转变和变化是政府机构、人员编制改革的关键。政府组织的变革必须紧紧围绕政府职能这个中心。在政府职能没有发生转变的情况下，实行精简人员、删减机构数目、缩小组织规模的措施，只是治标不治本，结果在“精简—膨胀—再精简—再膨胀”的循环圈中打转。第三，政府职能是确定政府组织目标和任务的重要标准。政府职能反映着政府管理活动的基本方向和实质内容，规定着对国家和社会事务究竟管多少、管多大范围和多大程度，指明了政府管理活动中基本的、主要的工作。

国内外大量经验事实反复证明，正确认识政府职能对充分发挥政府管理对国家社会发展的推动作用有决定性意义。同一国家处于基本相同的行政大环境之下，某个时期由于政府正确把握其职能，这一时期的国家政治稳定、社会经济文化发展迅速，管理效率很高，国家经济实力和人民生活水平显著提高。

转变政府职能应从两个方面入手：一是调整职能内容；二是转

变职能方式。从职能内容看，过去政府职能的内容过分庞杂，政府管了许多不该管、管不好的事情，许多本应由政府管理的事务又没有尽力去做，没有管理好，群众不满意。在这种情况下，政府应该做到凡是社会能够通过自身机制管理好的事务，通过市场机制提供的服务，政府都不应去管、去做。相反，凡是社会自身管不好、管不了、无法提供而民众需要的合理服务，政府都应纳入自己的职能范围。就政府职能方式而言，就是要从直接管理向间接管理转变，从微观管理向宏观管理转变，从以行政手段管理为主向以经济手段、法律手段管理为主，并辅之以必要的行政手段的管理转变。

第二节　政府责任

一、政府责任的含义

责任是界定政府责任的前置性话题。亚里士多德等人将责任解释为人对自己选择的行为负责，康德认为责任就是由于尊重规律而产生的行为必要性。马克思将责任界定为一种使命和任务。新公共管理运动以后，公共管理学者更强调职责、透明度、负责、义务等概念。在现代汉语语境下，对责任的解释可分为两个方面：其一是指分内应做的事；其二是指没有做好分内应做的事，因而应承担的过失。综合上述语义学上的分析以及学者的定义，可以将责任的内涵归纳为两层含义：一是行为主体必须履行的各项事宜，是一种积极行为；二是行为主体未尽分内之事而要承担的后果，是一种消极反馈。

政府责任是由“责任”一词的延伸而来，实际上是将“责任”的含义细化于政府这一主体上。政府责任的含义包含三个层面：一是政府及公务员行使公共权力，推动社会运行和发展；二是政府因未履行责任而受到制裁和谴责，对政府和公务员进行问责；三是政府要回应和说明责任，提高公共管理、公共政策的透明度，提升公众参与度。从价值理念视角来看，政府责任包括回应、弹性、能力、正当程序、责任、诚实六个基本构成要素。通常而言，政府责任是政府能够积极地对社会民众的需求作出回应，并采取积极的措施，公正、有效率地实现公众的需求和利益。政府责任即保障人民的权利和增进人民的福利。依据上述对于政府责任的阐述，为了使研究清晰化，本书将政府责任概括为我国中央政府及地方各级政府满足社会公众的需求应履行的职责和义务。

作为完整的复合体系，政府责任由责任主体、责任对象、责任内容和责任机制四个要素构成。这实际围绕“由谁负责”“对谁负责”“对何负责”及“如何负责”四个关键性的问题展开。

二、政府责任的主体

一般政府责任主体是指国家各级行政机构及其行政人员。现代治理中，相对于市场、社会而言，政府的主体性角色表现为四个方面：其一，政府是现代治理最有力的推动者、组织者、协调者、参与者；其二，政府是现代治理最权威的治理规则制定者、治理过程监管者；其三，政府是现代治理成效最直接的评估者；其四，政府是现代治理成效的被评估者。

三、政府责任内容及分类

威尔逊主张政治与行政分离，他认为政府责任主要包括政治责任与官僚责任。特里·库珀认为行政人员的责任分为客观责任与主观责任。客观责任在具体形式上包括两个方面：职责和应尽的义务。主观责任是指根植于我们内心对忠诚、良知、认同的信仰，主观责任的履行是行政人员职业道德的反映，而职业道德则是通过个人经历逐步建立起来的。贝恩将政府责任划分为三类：财政责任、公平责任和绩效责任。罗姆瑞克把政府责任分为四种：官僚责任、法律责任、政治责任和职业责任，并认为前两种责任强调严格的监督和较少的自由处置权，后两种责任则允许较大的自由裁量权。从政府责任的内部与外部来看，政府责任主要表现在政府对社会的责任以及政府内部的责任等两个层面。究其政府责任的内部责任，有学者认为政府责任分为政治责任、法律责任和道德责任三个方面。也有学者认为政府责任还应包括行政责任和工作责任（岗位责任）等。其中的法律责任包含政府的行政法律责任、侵权赔偿责任和刑事法律责任。行政责任包含行政法律责任和行政道德责任。斯塔林挖掘了行政责任的基本价值，认为行政责任的价值可归纳如下：回应，政府须对公众的正当诉求积极有效地回应。弹性，在政策的形成和执行中，政府不能忽略不同群体、不同地域对政策目标达成的情景差异。能力，政策的形成和执行须受到恰当的目标标准的引导，政府行为须谨慎高效。正当程序，政府行为须受法律约束，非经合法程序，不得损害正当权利。责任，做错事情必须负责，承担相应责任。诚实，政府和公务员必须遵循伦理和道德规范。除此之外，李景鹏认为政府必须承担政治责任、管理责任、法律责任、绩效责任、伦理责任和说明责任。并且作为一种制度安排，政府责任的实现必须有责任控制机制，包括外部责任控制机制与内部责任控制机制。

一般意义上，学术界认为政府责任主要包括政治责任、行政责任、法律责任及道德责任四个方面。

四、政府责任的实现机制

第一，推进政治文化建设，为政府责任的实现创造“软环境”。对行政官员来说，特定的政治文化将影响其对责任的认知，而这种认知将决定其是否能有效地履行职责，正如狄马克所言：“如果行政者是来自一个尊重公共利益和诚实的社会环境，则他们大多数必须是有公益心和诚实感的，假如缺乏这种环境背景，那就难以对他们做这种期望。”① 显然，建立以“责任感”为核心的政治文化，将能够为政府责任的实现创造良好的“软环境”。

第二，创新政府责任的管理机制。政府在运用公共权力的过程中，必须依照法定程序将政务、财务等信息公开，使其活动置于人民的监督之下。在政府管理的实践中，问责制的确立将使行政主体树立起依法行政、责任行政的意识，制止失职、渎职等不负责任的

---

① 狄马克．公共行政管理［M］．蒋傅，译．台北：黎明文化公司，1974：600.

现象，纠正政府责任实现过程中的缺点，保证政治社会的良性运转。建立公众政治参与机制，责任政治的建立在很大程度上还是取决于公众的政治力量，公众政治力量越强大，责任政治越完善。建立完善的政府责任评价机制，将权力机关评价、自我评价和社会评价融为一体。

第三，推进依法行政建设。只有严格按照国家制定的法律来行使权力，才能有效保护公众的正当权益，才能对政府的行政行为进行有效约束，确保政府责任的落实。要推进依法行政，要坚持“权责一致”的原则，对现有的法律、法规及规范进行合理而全面的整合，增强法律的适应性。要严格地执行追究政府责任的法律程序，对政府中任何人或组织的过失，都要平等地追究其责任。只有坚持依法追究行政机关的责任，才能确保政府的权力在允许的轨道上运行，并能保证政府对自己的行为负责。

第三节　政府角色

一、政府角色的含义

角色一词一直被用来表述演员在戏剧舞台上扮演的某一角色人物。美国社会学家米德和人类学家林顿把“角色”这个概念正式引入了社会心理学的研究，使得“角色理论”最早出现在社会科学研究领域，角色理论也就成为社会心理学理论中的一个组成部分。在社会心理学领域具有代表性的“角色理论”，是一种试图从人的社会角色属性解释社会心理和行为的产生、变化的社会心理学理论取向。而学者们将“角色理论”分为两种研究取向：一种是“结构角色论”，一种是“过程角色论”，前者强调角色在社会结构中的位置，后者强调角色扮演的过程。二者尽管在研究角度上有所区分，但都是把“角色”视为社会参与者在社会环境中具有的行为特征与社会属性，具有“角色学习”“角色扮演”“角色冲突”“角色偏差”“角色调适”等角色行为，从而形成具有复杂性特征的“角色丛”。

“政府角色”则是将政府这一政治行为主体具象化为社会行动的主导者，通过整体性思维，考察政府行动逻辑。“政府角色”的最早提出者是斯蒂格利茨，他在《政府为什么干预经济——政府在市场经济中的角色》一书中提出，希望“对有关政府角色演化的描述性问题和有关政府的角色应当是什么的规范性问题提供新的见解”。

我国学者对“政府角色”这一概念的探讨也通过“政府与市场”的关系这一主题展开。有的学者将社会主义市场经济中的政府角色定义为：“规则的制定者、秩序的维护者、矛盾的协调者与社会的服务者”。也有的学者将政府角色归纳为“角色期待、角色认知与角色行为”三个要素。尽管“政府角色”理论没有形成系统的概念划分与研究框架，但是对于政府角色的研究却在政治研究的过程中贯穿至今，并且因为其具有的“角色丛”特征更加成为竞相争论的焦点。

综上，政府角色是指在一定范围内充当社会公共权力主体的政府所具有的功能作用的人格化。一般认为“政府角色”与我们通常说的“政府职能”“政府作用”在本质上是一致的。但二者并不总是“形神合一”，实际上是经常出现“形神离散”的格局，集中体现在政府的“三位”现象即政府的“错位”“缺位”和“越位”。政府角色定位的重点就是在政府角色变迁的过程中克服政府的“三位”现象。

二、政府角色的主要表现

政府角色与政府的性质、地位、权力、功能、职能、任务等紧密相关，涉及政府的权力界限、功能范围、行为方式等诸多方面。对政府角色论进行历史的考察，我们会发现从传统社会到现代社会，政府角色经历了诸多根本性的变迁与转化。

从经济发展过程看，域外国家从自由主义政府论的“守夜人”角色，到凯恩斯主义政府论的“道德人”角色，再发展到新自由主义政府论的“经济人”角色；社会主义国家也经历了或正在经历着从传统计划经济体制的“中心人”角色向市场经济体制下的“社会人”角色的转换。

从政府在国家政治经济社会生活中的作用来看，有所谓的“统治者”“治理者”的角色划分；从政府在整个社会生活中作用的大小来看，有所谓的“全能政府”“有限政府”之分；从政府的作用方式来看，有所谓的“划桨者”“掌舵者”之分，或“运动员”“裁判员”之别；从政府在改革中的地位来讲，政府既是改革的组织者和推动者，同时又是改革的对象；从社会经济发展的过程来讲，政府既是制度的供给者，又是社会发展和经济增长的推动者。

三、政府角色的定位

政府角色的主要定位有以下几个方面。

建立服务型政府，充当公共产品和公共服务的有效提供者，发挥保障社会快速、均衡、持续发展的职能作用。政府定位于服务者的角色上，把为社会、为公众服务作为政府存在、运行和发展的基本宗旨，这是市场经济条件下政府的基本理念和价值追求。政府应以服务而不是管制为基本形态，政府的职能主要不在于积极地站在市场前面充当主角，制造市场，而在于主动地向社会提供优质快捷的服务。

建立有限政府，充当市场运行机制的有效补充者，发挥市场秩序监管与制度提供的职能作用。这里提倡的“有限政府”并不是弱政府，从政府行为进入社会和市场的程度看，它应当介于“全能政府”与“无为政府”之间，其“有限性”的具体维度应以政府行政行为的效率最大化为操作标准。要有能力限度，即政府应具有为现代化建设提供制度支持和整合资源的能力；要有效率限度，政府的干预应当以效率为准则，以有利于市场经济的快捷发展为标准；要有合法性限度，即政府干预必须在依法行政的前提下演进，形成严格依法治国、依法行政的格局。

建立责任型政府，充当社会全体成员根本利益的代表者，发挥公平、公正分配社会资源的作用。政府的合法性从根本上讲来源于它是公共利益的代表，这就要求它在本质上应该是能够保护公众信赖的责任型政府，政府的一项基本职责就是尽可能公平、公正地分配社会资源，以使社会各阶层都平等进入利益分配过程。负责任的政府必须要最大限度地保障社会“公平”，其基本途径就是建立、健全全国统一的失业、医疗、养老等社会保障制度，帮助社会全体成员应对现代社会中的社会经济风险，以保障全体社会成员的基本生活需求。

四、政府角色的转换

其一，政府角色应由管理逐步转向治理，提高公众的参与程度。管理与治理最大的区别就在于公众的参与程度，治理要求更广泛的公众参与，群策群力，同心同德，发扬团队精神，共同把各项工作搞好。而管理则更多地依靠上级和管理人员来做工作。因此，政府的角色应由传统的管理转向治理，提高人民群众的参与程度。推行阳光政府，进行政务公开，通过互联网、听证会等多种形式让人民真正地参与国家管理。这是克服腐败、机构改革怪圈和政策执行不力的一剂良药，是集思广益、调动人民建设国家的积极性的重要措施，更是提高党和政府执政能力的一个重要法宝。

其二，在政策执行时政府角色要把过程导向和结果导向并重。要很好地执行一项政策，达成政策目标，就必须制定一套政策执行的程序、步骤和要求，让执行者有章可循。通过严格执行来保证达成政策目标，落实政策任务。可以看出程序是过程、是手段，执行的后果才是结果、目的，所以二者要并重，不可偏废。过分重视过程导向会导致政策执行得死板、僵化，把手段当成目的，影响执行效果。如果过分强调结果导向，可能会出现许多手段上的不合理、不合法，为达目的不择手段，影响政府形象。政策执行中的过程导向能体现公平，结果导向能体现效率，二者相辅相成，都要重视。只有这样，才能更好地落实政策，提升政府公信力。

其三，政府角色管理要充分体现人性化原则。既然政府角色是人格化展现，就要体现政府人性化的温度。人性化的原则就要求政府在政策制定时要充分考虑人们的基本权利和利益诉求，尽量避免侵犯人们应有的权利，破坏人的心理平衡，造成“相对剥夺感”。人性化原则也要求政府工作人员在执行政策时心平气和，摆事实、讲道理，不应该采取无理、粗暴的工作方式，要充分处理好工作原则与工作方法的关系，促进形成团结、和谐的社会局面。

第四节　政府利益

一、政府利益的含义

对于政府利益的内涵，学术界有着各种不同的观点。

其一，一种利益说，即政府利益专指公共利益。有的学者认为，“政府作为全体公众权力的委托行使者，除了公共利益以外，政府在行使公共权力的过程中不会追求任何个人或团体的利益。”① 也就是说，政府及其工作人员是完美的利他主义者，政府应该是公共利益的代表者，不应该有自身的利益。政府利益就是公共机构的利益，它是政府组织制度化创造和带来的东西，在一个复杂的政治体系中，政府的各种组织和程序代表着公共利益的不同侧面。政府是人民利益的代表，政府官员是人民的公仆，政府没有自身利益，政府利益就是公共利益。

其二，两种利益说，包括公共利益与政府自身的利益。公共选择学派认为，政治决策者与市场决策者一样也是理性的、追逐自身利益的人。政府具有自身利益，是一个利益主体。政府在追求社会福利最大化和垄断者租金最大化之间存在持久的冲突。“作为整个行政系统的一个有机组成部分，行政单位应当代表整体利益，即国家和人民的利益。但作为一个具体单位，它又有自己小团体的利益。”② 也就是说政府是一个尤其特别的组织形式，存在排除公共利益在外的自己独有的利益。

其三，三种利益说。有的学者认为，政府利益是指政府行政管理的价值取向和功利目标。从政府的地位、职能和管理方式来考虑，政府利益应该由统治阶级利益、公众利益和政府自身利益三部分组

① 卢梭. 社会契约论［M］. 北京：商务印书馆，1980：82.

② 李景鹏. 试论行政系统的权力配置和利益结构的调整［J］. 政治学研究，1996（3）.

成。还有学者认为，政府利益主要是指政府本身的权益，具体划分为政府组织整体的利益、政府部门的利益和政府官员的利益，并认为既存在合理的政府利益，也存在过度膨胀的政府利益，指出政府利益既可能与公共利益相容，也可能与之相背离。

总之，政府利益是政府在行使公共权力过程中所表现出来的各种利益形式，它被分割成两个部分：合理的政府利益和偏离的政府利益。合理的政府利益是指能够代表全社会的那部分利益即政府一般利益。偏离的政府利益是指政府自身狭隘利益，政府自身利益主要是指政府对于满足自身客观需要的社会稀缺资源的占有，是政府机构中存在的一些非全社会的、非整体的、具有排他性的特殊利益。

二、政府利益的特点

政府利益具有客观存在性、隐藏性及扩张性的特点。

其一，政府利益是客观存在的。经济学家诺斯认为，政府有两个基本目的：一是在要素和产品市场上界定所有权结构，使统治者的租金（收入）最大化；二是在第一个目标框架中降低公共利益的内涵交易费用以使社会产出最大，从而增加国家的税收。在诺斯看来，政府使统治者的收入最大化和增加税收都是以追求政府自身利益为前提的。我国学者也承认政府是市场经济中的利益主体之一，政策的制定者——政府也是理性“经济人”，也在追求着自身最大化的利益。

其二，政府的政策行为隐含着对政府自利性的追求。在公共政策的过程中，政府往往会制造有利于自身生存和发展的有利条件，使政策有利于自身利益的实现，利用政策权力占有对自身有利的公共资源，利益主体之间进行利益交换，为了实现政府自身利益的追求，他们在实现公共利益的掩盖之下来满足自身利益的追求，当政府利益无限制持续得以实现的时候，那么公共利益将受到严重的损害。政府的这种表面上的政策制定和落实同政策目标不一致表现出了政府利益隐蔽性的特点。

其三，政府利益的膨胀性来自政府行政权力的自主性和不断扩张。政府行政权力的运行是一个自上而下的扩大性过程，每一层行政部门在实现行政权力的过程中会本能地扩大手中的权力，这使得行政权力具有无限延伸的可能。随着科技的发展、社会的进步，行政权力的作用日益增大，公共事务的管理日趋复杂，行政权力也在不断扩大，随即政府利益也在不断膨胀，尤其在公共利益和政府利益的范围界定模糊又缺乏有效的社会监督的情况下，政府追求特殊利益无限膨胀的想法就变成习以为常了。有学者指出，由于政府官员也是个人利益最大化的追求者，他们总是希望不断扩大机构规模，增加其层次，扩大其权力，以便相应地提高其机构的级别和个人待遇，制定更多的规章制度，增加自己的俸禄和享受。

三、政府利益的表现形式

根据不同分类标准，政府利益有着不同的表现形式。从层次上来看，可以分为中央政府利益，地方、部门政府的利益，政府官员个人利益及政府组织的整体利益四个层次。

其一，中央政府作为全体国民利益的代表，与国家利益有着高度的一致性，中央政府的政策制定和推行往往从国家利益出发，着眼于全局和长远利益。但是，这并不说明中央政府与国家利益是完全等同的，中央政府也是一个相对独立的利益主体，也存在着自身的利益。

其二，地方政府集地方利益主体、经济主体和管理主体于一身，地方、部门政府的利益主体地位日渐凸现。在社会主义市场经济条件下，地方政府所追求的地方利益是以经济利益为核心的，包括政治利益、文化利益等在内的综合利益的最大化。具体包括两个方面：本地区经济、政治、文化等发展的需要和地方政府之间的竞争；为了追求地方局部利益，地方、部门政府与中央政府之间博弈行为时有发生。

其三，按照公共选择理论的观点，政府中的个人也是经济人，都天生地追求自身利益的最大化，一直到这种追求受到抑制为止。他们关心自身的各种政治利益和经济利益的最大化，在现实生活中，每个社会成员都有自己的利益需求，这些利益需求有物质性的，如金钱、住房、社会福利；也有非物质性的，如精神嘉奖、荣誉称号、职位的升迁等目标。

其四，政府作为一个整体，也有其组织的自身利益。政府组织常被人们设定为社会的公共组织，只履行公共管理职能，是社会公共利益的代表者，并没有自身独立的利益。实际上，政府组织同样拥有自身特殊利益，如特殊的政治地位、经济待遇和精神文化特权等。

四、政府利益的调控

政府利益的存在是引发政府“公共性缺失”的重要原因。尽管政府利益有其合理性和客观性，但是政府利益同时也具有扩张性，利益的扩张导致政府的活动越过了其合理合法的边界，在很大程度上限制了政府行政能力的有效性。因此，必须采取措施控制政府利益的扩张。

（一）界定合理的政府利益

要从中央政府与地方政府关系上界定政府利益的合理范围。地方政府合理的利益是地方政府发展地方经济的一个重要动力，中央政府与地方政府关系的合理界定，保证地方政府合理的利益需要。要从政府与企业的关系上界定政府自利的合理范围。政府只管公共事务，企业的“私务”交给社会中介组织，政府加强对中介组织的监管。要从政府“块块”与部门“条条”之间关系上界定政府自利的合理范围。理顺地方政府与职能部门的关系十分重要。理顺关系的中心环节就是更加明确地以法律规定两者的管辖范围、责任和权利。

（二）依法保障政府的合理利益

依法满足和保障政府及其工作人员的合理利益将为消除政府非正当利益创造有利条件。应当扩大政府财政收入在国民生产总值中的比重，使政府具有承担宏观调控的足够能力，使中央财政具有足够的财力调节分配结构和地区结构。还应当逐步完善公务员制度。我国的公务员制度是一项与社会主义市场经济体制相配套的科学的人事管理制度，对各项事业的稳定发展是一个重要的组织保障。

（三）控制不合理的政府自利

通过法律、制度进行调控。要实现有限行政，从体制上控制政府自利性，制约行政立法权，防止政府不当营利行为合法化，要加快行政合同立法，规范政府在合同中的特权。同时，要强化行政程序化，控制政府的自由裁量权，通过社会控制进行调控。要扩大公众对公共行政的参与，实行政务公开及审计的社会化，追究政府不合理自利。要允许社会审计组织参与政府财务的审计，让政府部门有一个外部审计的制约机制，外部审计机制应得到人大授予相应权力，并向人大负责。通过道德控制进行调控。要建立行政道德规范，包括以奉公、守法、忠诚、负责为内容的行政个体道德规范和以程序公正、组织信任、民主责任、制度激励为内容的行政组织道德规范。行政道德制度化、行政伦理的提升和重建都必须通过制度化来实现，制度安排是道德程序得以维持和发展的基本保证。行政道德制度化为行政道德建设提供了支持作用，最终也为行政权力的合理行使提供良好的道德基础。

第四章　政府工具

第一节　政府工具概述

一、政府工具的含义

政府工具，亦称政策工具或治理工具，是政府为解决某一社会问题或达成一定的政策目标而采取的具体手段和方式。即将政策工具定义为公共物品和服务的供给方式和实现机制，各种主体尤其是政府为了实现和满足公众的公共物品和服务的需求所采取的各种方法、手段和实现机制，为了满足公众需求而进行的一系列的制度安排。政府工具作为实现政策目标的一种途径，可以界定为一种"客体"，也可以界定为一种活动。卓越教授将政策工具与法律工具、制度工具放在同一层级，意在说明既然法律可以是一种政府工具，同理，和法律具有相似功能的政策也应该是以公共权力为依托，回应社会需求、解决公共问题、维护公共利益、实现政府目标的政府工具。

国外学者对于政府工具也有各自的界定，新公共管理运动的代表人物 Hood.C（1983）在其《政府的工具》一书中指出，政府工具是实现政策目标的活动；欧文·休斯（Owen E.Hughes）在《公共管理导论》中认为，"政府工具是指政府干预的方式，在某种程度上也是政府行为正当化的应用机制。"美国著名公共管理学家莱斯特·萨拉蒙（Lester M.Salamon）指出："政府治理工具，又称公共行动的工具，它是一种明确的方法，通过这种方法集体行动得以组织，公共问题得以解决。"萨拉蒙将政府工具定义为"影响政策过程以达到政策目的所采取的措施，或者是政策执行者使用政府工具以达到政策目的的任何事物。”

研究者的研究侧重点和表述方式不同，对于政府工具的含义给出了不同的理解。综合以上学者们的观点，可以将政府工具的定义简单总结为：为实现一定的政策目标和解决社会问题运用的政策手段和机制。

二、政府工具的分类

关于政府工具的分类研究。由于政府工具本身具有复杂性和多样性，因而对政府工具的类型划分也有多种观点，具有代表性和较大影响性的观点有如下几种：陈振明教授提出“将政府工具划分为市场化政府工具、社会化政府工具和工商管理技术三类”。杨代福教授在梳理研究现有的政府工具分类后，依据政府所耗费的资源将政府工具分为管制性政府工具、信息性政府工具、经济性政府工具、志愿性政府工具、组织性政府工具，又引入强制性和激励性两个维度对每个政府工具类型进行再划分。还有运用政府工具研究其协同创新政策，将政府工具主要分为供给面、需求面和环境面。

国外的研究主要从最终目标、强制性程度、运用的政府资源、政策涉及领域四个角度出发，衍生出对政府工具的多种分类，如分为规制性和非规制性工具；开支性和非开支性工具；信息、权威、财政和组织型政府工具；命令性、激励性、能力建设和系统变化工具等。在行为经济学推动下，学者们开始关注政府工具对微观个体的观念与行为的型塑结果，并衍生出对政府工具设计的思考。最为典型的是Tummer从改变公众行为的角度形象地提出了政府工具的分类框架：“胡萝卜型（Carrot）”“鞭子型（Whip）”“布道型（Sermon）”与“助推型（Nudge）”。“胡萝卜型”即激励型政府工具，是指利用激励改变公众行为，政府通过奖励他们所需的行为来强化此类行为的出现；“鞭子型”指禁止与指令型政府工具，通过禁令确定哪些行为是违规违法行为，从而减少行为的发生；“布道型”指信息运动型政府工具，强调通过信息传播让公众意识到何种行为是政府希望看见的，从而推动这类行为的出现；最后一种“助推型”指选择架构型政府工具，是指改变公众的选择框架，在不明显改变公众偏好的前提下让他们更容易选择政府所需的行为。政府工具的分类主要是参考研究领域的自身特征，经过综合分析而划分出，本质上没有优劣之分，都在一定程度上对后续的研究提供了借鉴意义。

三、政府工具的选择

进行政府工具的选择，不仅受到行政管理目标的影响，还受到选择标准的影响，常见的选择标准如政治可行性、有效性、操作性、公平性、效率等。首先，选择某项政府工具，衡量某一政府工具的优劣，有一项很重要的标准，那就是政治可行性。如果某一政府工具的采用可能会损害一部分甚至一大部分人的利益，形成强烈的反弹，进而严重影响政府的公信力，那么这一政府工具无疑是不能采用的。其次，选择工具有效性。政府行动能够成功实现公共利益最大化，能够解决公共问题，达到预定目标。最后，政府工具必须兼顾效率和公平，在效率和公平之间寻求平衡。效率是投入尽可能少的时间、成本达到产出的最大化，关注成本收益的比率基础的公平和再分配的公平，收益和成本的分配达到均衡，大家普遍受益。

政府工具选择因素主要包括观念因素、利益因素、个人因素、制度因素等。第一，彼得斯等人认为，观念与意识形态影响了政府工具的选择，设定了公共政策的假定、理由、目的与手段，社会管制的实行及其效果，尤其与观念因素有着密切的关联。第二，一般都将政治理解为个人或集体对于利益的追求和价值的权威性分配，基于利益的考虑，相关的政治行动者往往致力于影响政策过程，以期政府选择使其受益最大而成本负担最小的政府工具，利益是影响工具选择的首要变量。第三，某些个人对于政府工具的选择，扮演了较具影响力的角色，工具的选择决定了一项政策能否得到支持，而使其适当的政府工具被允许用于政府创新，则是“政策企业家”的主要功能之一。第四，在特定的制度下可能形成对于政府工具的偏好，这种偏好可能缘于过去的历史背景因素、学习经验、专业训练等因素。

四、政府工具的组合

政府工具组合（Policy Mix）概念在诸多科学领域研究中得到了广泛使用，就组合形式而言，有学者把政策组合概念含蓄地定义为几个政策工具的组合，也有学者认为政策组合既包含政府工具的组合，还应包括政府工具的互动过程。“政策组合（policy mix）”一词在国外首次出现于20世纪60年代诺贝尔经济奖得主Robert A. Mundell的经济政策文献中，直到20世纪80年代末90年代初，政策组合的研究开始扩展到其他公共政策领域，主要探讨不同政府工具之间的互动。Rogge和Reichardt进一步阐释了政府组合概念，从政策要素（政府工具、工具组合）、政策制定过程、政策特点（要素一致性、过程协调性、可靠性和全面性）三个方面构建了政策组合概念分析框架，认为政策组合应体现其最终目标、互动作用和动态性。因此，他们认为，“政策组合是指为促进创新以及解决创新过程中的问题而形成的一整套具有目标一致性和运行协调性的政策工具的组合。”① Mavrot等人在Rogge和Reichardt提出的政策组合框架的基础上，增加了政策接收方因素，为研究政策组合实施提供了理由。其中，包括政策背景和目标群体，他们强调政府工具与政策背景、目标群体之间相互作用的重要性，认为将重点放在政策实施的特定环境上可以更准确地理解政策制定和实施过程。此外，他们在政策组合特征中增加了充足性，用于评价实际实施政策和计划实施政策之间的一致性。同时，关注政策组合的动态变化及其共同效果也非常重要，因为政策组合的效果可能会高于单个政策的效果，政策组合能够帮助单一政策实现其效果的最大化。

政策组合是战略与工具两部分构成的有机整体。政策战略是政策组合的内核，通常以政府文件的形式呈现；政府工具分为行动和保障两个相关部分，在政策战略的指引下，地方政府综合运用两类政府工具。同时，面对复杂的政策环境和多维度的政策问题，单一

---

① Karoline S. Rogge，Kristin Reichardt. Policy mixes for sustainability transitions：An extended concept and framework for analysis［J］. Research Policy，2016，45（8）：1620-1635.

的政府工具往往难以实现多元化的政策目标。从政策本身和创新的特性出发，研究政策组合的应用效果是非常重要的。例如，研究环境技术创新激励政策的效果，当环境创新产品的市场竞争力相对较弱时，单一的补贴政策并不能显著促进环境技术创新，以政策工具之间的互补关系和替代关系为基础，优化政府工具组合、发挥“组合拳”的作用有利于实现政策目标。在公共卫生危机治理中，各类政府工具的特点和优势，对政府工具进行组合使用，利用各类政策工具之间相互作用和影响，避免单一政府工具失灵，产生了较好的政策效果。Guerzoni 等研究了不同政府工具及其相互作用对 27 个欧盟成员国创新投资的影响，发现政策组合及其有效性对需求拉动与技术推动产生积极影响。Costantini 等研究了 OECD 国家的政策组合特征对引导节能技术创新的影响，结果发现政策组合的综合性和均衡性对技术创新具有积极作用，政策组合的均衡性越高，对技术创新的促进作用越强，而政策组合的非均衡性会阻碍技术创新。在政府工具组合的应用方面，Silvia 和 Krause 采用了 ABM 的方法分别评估了财政补贴、网络扩大、政府购买以及三个政策组合的效果发现，混合政策组合的效果优于三个政策分别实行的情况。Rogge 和 Reichardt 对德国风力行业的研究证实了需求拉动型政府工具和技术推动型政府工具之间存在正向的交互作用，组合使用对企业创新活动有积极作用。

五、政府工具的发展趋势

随着社会的发展，政府工具已经不是传统的工具，公共管理领域的特殊性导致政府工具的落后，导致公共领域必须积极地借鉴发展领域的工具来促进自身领域的发展。新公共管理运动就是倡导借鉴企业的精神改进政府，运用企业管理技术工具的转变来达成政府绩效的效果。政府工具并非具体的实物，而是一种方法、技术以及系统，政府工具也不是一成不变的，而是不断地改进与创新相结合，有效地利用政府工具解决实质性的问题。政府工具可以从各个领域的发展技术替代而来，以此发挥其应有的价值。尽管这种替代性的政府工具用于提高政府的绩效，但却存在资源配置不足，缺乏改进计划和员工的参与程度等问题，也影响了政府工具的作用发挥。因此说政府工具并不是一成不变的，而是一种不断更新、评估以及引进的渐进发展。

政府工具应用的模式，建立政府工具的有效运行保障机制，主要有以下几种发展趋势。

首先，引进新的政府工具或新的管理技术。由于我国政府工具较为缺乏，应该引进较为发达的政府工具。政府工具之间存在互补性模式，把其他领域运行效果较好的进行转型，使其适应于公共行政组织的利用。

其次，政府工具创新。对于社会问题来说不是一成不变的，然而对待政府问题也是如此，只有政府工具符合时代的需求，才不会被忽视，才能更好地为政府作出的决策起到决定性作用，政府工具创新是未来政府工具发展的一个重要的路径。

最后，政府工具组合。工具并不是只适合哪个领域，也不是单纯的一种，而是几种政府工具之间取其之长补其之短的综合性组合，它完全可以是同一领域的组合、不同领域的组合以及多个学科的协同性组合，目前有关于对程序性政府工具和实质性政府工具的具体组合的研究，能够发挥积极的作用，因此政府工具组合发展趋势能够引领公共行政组织更好的发展。

第二节　政府经济类工具

一、政府补贴

（一）政府补贴的含义

政府补贴是一种为解决市场失灵而出现的转移性支出，是政府支出的主要方式之一。在国家层面，补贴影响一国的资源再分配决策、收入分布、支出效率以及结构调整。政府补贴是政府直接干预市场的重要手段之一，通过政府补贴政策的推行可以达到维护社会目标的目的。事实上，政府在经济活动中基于特定目的、经济方针和政策，会发生大量直接或间接的补贴行为，这些补贴种类繁多、方式多样、程度不一。政府补贴在世界范围内都普遍存在，特别是特定目的下的直接补贴。

世界经济与合作组织将政府补贴定义为：政府补贴是直接或者间接对企业进行财政支持，例如：向企业发放补助，减免企业的赋税，为企业提供低于正常利率的贷款等。欧盟对于财政补贴的定义则相对较为广泛，包含了政府为企业提供的所有经济利益，例如：直接进行财政补贴，为其借款行为提供担保，允许税收递延等。

为了能够对政府补贴进行更合理的计量与披露，我国财政部正式颁布并执行《企业会计准则第16号政府补贴》（CAS16）。该准则明确将政府补贴定义为：政府补贴指的是政府为企业提供无偿的货币和非货币资产，但不包含政府作为企业的投资方所提供的资本。

（二）政府补贴的方式

通常情况下，政府是通过如下四种方式发放政府补贴。

一是财政拨款，具体包含政府为企业划拨技术改造所需的资金、政府向企业划拨固定资产建设资金、政府为企业解决职工就业问题而发放奖金、政府向企业拨付研发费用，等等；

二是财政贴息，具体包括政府为了支持某些地区的发展，为向这些地区发放贷款的商业银行进行必要的补贴；

三是税收返还，具体指的是政府给予企业税收政策上的优惠，以达到财政补贴的效果，例如政府采取先收取税收，后按一定比例返还的形式提供政府补贴；

四是无偿划拨非货币性资产，如通过行政手段划拨土地的使用权、划拨自然形成的树林等。

（三）政府补贴的动机

政府补贴在地方财政支出中占据着不少份额，政府是有自己的动机和意图的。

首先，地方政府之所以发放政府补贴，最根本的原因是为了促进当地经济发展，从而使自身完成政治晋升。地方政府的财政补贴行为存在为当地吸收资金的动机，无非是出于经济动机和政治动机。一方面，我国现在政府不断对企业进行补贴，其主要动机是刺激企业不断投资，从而带动当地 GDP 的增长，而 GDP 增长正是考核官员晋升的主要指标。另一方面，政府补贴是政府直接干预市场的重要手段之一，通过政府补贴政策的推动达到维护社会目标和地区经济环境的良好形象的目的。

其次，作为政府宏观调控手段的政府补贴可以在一定程度上帮助当地政府维持就业率的稳定。政府为了维持就业率稳定而将大量政府补贴给予陷入危机的企业，不仅可以帮助其渡过难关，并且可以达到维持社会稳定的目的。政府提供给企业的政府补贴在一定程度上促进了就业机会的增加。

再次，地方政府给当地企业发放政府补贴是为了维持本地企业的竞争优势，防止企业外迁以及税收的流失，进而通过政府补贴来配合政府产业政策的实施以及产业转型的完成。政府为了鼓励新兴企业不断壮大自己，在经济上给予它们大量的政府补贴。这些补贴政策都有效扶持了特定产业的成长。

最后，各地政府为了维护形象而帮助上市公司达到监管部门的指标来实现配股和保牌。当本地企业尤其是知名地方企业遇到类似问题时，政府肯定有动机通过向企业提供各种优惠以及补贴来帮助其渡过难关。政府出于对自身利益的考虑，会通过经济上的支持帮助本地企业达到监管部门的要求，进而顺利完成融资或者上市。

总体来讲，政府补贴的动机与政府的社会目标、地方政府的资源争夺和政府官员的升迁等因素密切相关，但在不同的经济和制度背景下，政府补贴的具体动机可能有所区别。就动机而言，主要分为促进地方经济发展、实现 GDP 增长、维持就业水平、促进技术进步、帮助企业达到监管部门硬性指标的要求完成配股满足融资需求或者帮助上市公司“保牌”“扭亏”等，归根结底也不外乎政治动机和经济动机。

（四）政府补贴的特点

第一，政府补贴是一种政府行为。补贴必须是政府或公共机构作出的行为，这里的政府不但包括中央政府，还包括地方各级政府和国有公司等机构，还包括政府授权或干预的私人行为，如政府向某项基金拨款、要求或授权私人机构执行补贴功能等。公司或企业等私人行为不属于补贴范围。

第二，政府补贴是一种财政措施，或价格或收入支持措施。补贴有多种形式，直接资金转移、潜在资金和债务转移、税收优惠和政府采购等与财政收益有关的措施。

第三，受补贴方可以从补贴行为中得到某种利益，也就是从某项政府资助计划中得到某些从市场上无法得到的价值。在现金直接赠予中，利益是明显的在贷款和资本注入中，得到贷款的公司支付的利息和相应的商业贷款利息是不一样的，在政府采购中，利益表现为政府没有得到足够的补偿，或政府对企业超量的补偿。

第四，政府补贴应具有专项性。专项性是指政府有选择或有差别地向某些企业提供的政府补贴。

（五）政府补贴的作用

积极作用：政府补贴在一定程度上使研发的直接成本、风险和不确定性降低，故可提升一些企业创新的积极性。政府补贴除了能够直接给企业带来现金收益外，还有可能向市场传递了相关的利好信号。同时，政府补贴作为政府对企业的隐性担保机制，能降低银行对企业风险评估的水平，进而降低企业债务成本。政府补贴在促进企业扩大产出、研发投入和资本规模方面有很强的机动性，可以灵活地对产业发展进行引导，同时有助于政策的有效运行。政府补贴有助于实现社会目标，促进科技创新，保护本土企业。通过各种补贴方式，可以达到解决民生问题、优化资源配置、促进经济发展和维护社会安定等目的。降低失业率一直是各国政府的重要宏观政策目标，很多国家为提高就业、解决失业问题而推出了各种经济政策，政府补贴作为其中的财政工具，某种程度上可能会对提高就业率作出贡献。

抑制作用：由于申请获得的补助具有较低的资金成本，且申请后对企业的监管不严或者惩罚措施力度不强，故部分企业会使用政府补助替代自有资金进行研发，出现企业自有研发资金减少，产生“挤出效应”。当补贴收入很高时，企业可能更有兴趣进行“寻补贴”投资，使得原本用于研发的资源被转而用于申请补贴，而不是将资源用于提高生产率。由于政府与企业间的信息不对称，政府给予企业的补贴不仅面临着事后的道德风险，更为普遍地存在着企业在申请补贴时的事前逆向选择问题。

二、政府投资

（一）政府投资含义

作为财政政策重要组成部分的政府投资，是指使用政府性资金进行的固定资产投资活动，是政府为了实现经济结构的调整和经济又好又快的健康发展，而对具有自然垄断特征、外部效应大、产业关联度高、具有示范和引导作用等特性的基础产业、公共设施以及战略性产业进行的投资。政府投资主要集中于公共产品和准公共产品领域（国防、环保、城市道路桥梁、科教、公共卫生）及自然垄断行业（供水、铁路、燃气、电力、电话通信），以弥补市场失灵，对宏观经济进行有效需求管理。

政府投资一般等同于公共投资，但又有所区别。广义政府投资包含国有资本投资和财政投资；广义公共投资包括财政投资和私人公共投资。二者关系如图 4-1 所示。

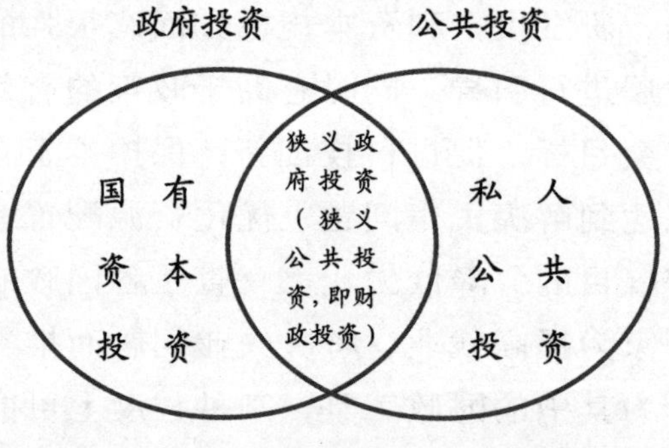

图 4-1　政府投资与公共投资的关系

（二）政府投资范围

政府投资应遵循弥补市场失效同时维护市场配置功能的原则，投资于国民基础行业——农业、基础设施建设、科技产业、交通、教育、国防等多个领域。总结而言有三类领域——无营利性、非竞争性的纯公共产品领域；有一定营利性和一定竞争性的准公共产品领域；具有营利性的竞争性领域。

例如，在欧洲政府的投资结构中，基础设施平均占欧盟整体政府投资的三分之一左右，其中交通投资占政府基础设施投资的比例高达 80%，政府对医院和学校增加的投资，占政府总投资的一半。另一半是投资公共产品（如军事设施）和再分配（社会住房，城市游泳池等）。

我国大型基础设施建设投资占政府投资的比重很大，应增加长期效应明显的、具有投资持续力的行业投资百分比，如医疗、教育和自主创新的投入。经济发展新常态下，我国政府投资面向五大方向：（1）适应消费结构转型的趋势，加大对健康、文化、教育、体育等服务领域的投资；（2）政府投资要促进经济质量提升，注重基层社区的基本公共服务投资；（3）加大科技服务平台的投资建设，促进科技创新；（4）强化基础设施互联互通，巩固城乡区域间协调发展；（5）加大自然资源保护、环境治理方面的投资，促进绿色发展。

（三）政府投资决策及投资影响因素

其一，政府投资决策机制。政府投资决策受多种复杂因素影响，为改善区域发展不均衡、避免政府过多干预市场，在投资决策中可应用多目标决策模式、决策听证制度和竞争评估制度。联邦公共投资是促进墨西哥经济以外其他方面发展和改善区域不平等的重要工具；多目标规划模式将侧重于提高墨西哥在人类发展四个主要方面（经济增长、教育、卫生和住房）的水平，并减少这些方面的区域不平等，成为管理复杂情况下公共投资计划的有效工具。我国政府对国有企业的倾斜投资，需要在投资决策中以竞争评估制度与听证制度弥补其规制空白，从源头上减少对市场公平竞争秩序的损害。

其二，政府投资的影响因素。机构和政治事宜是影响玻利维亚中央和地方政府投资的决定因素，在机构方面，强大的民间机构促使市政当局加大对社会部门的投资，而强大的私营部门公司会减少对社会部门的投资，并促进城市发展；在政治方面，政治不满和抗议是促使减少部门投资的重要因素。此外，公司的政治关系和获得联邦投资基金之间存在强有力的积极关系。政治关系通过公共开支使相关企业和政治家受益而降低政府投资的效率，但是投资于政治关联企业可能还存在其他重要的社会效益，如创造就业机会、财务稳定性和社区服务等。

（四）政府投资的影响效应

其一，政府投资乘数效应。根据凯恩斯的乘数理论，公共投资导致的政府支出增加将会提高收入，居民由于边际消费倾向的存在，会因为收入的增加而增加消费，消费又进一步增加了收入，如此循环，单位的公共投资产生了更大数量的社会总需求增加。在这个过程中，消费的增长需要更多的供给来满足，也就引起了更多的投资，而收入的增加则会增加社会储蓄，保证了扩大投资所需的资源，两方面共同作用的结果是产生了投资乘数。DSGE 模型对公共支出的福利乘数（公共支出中 1 美元变化的福利消费等价变化）的分析表明，如果基础设施足够有效，那么公共基础设施投资的福利乘数是正数。政府用于投资的 1 美元提高了国内福利，相当于 0.8 美元的私人消费。

其二，政府投资对民间投资的影响——挤入效应与挤出效应。挤入效应即政府采用扩张性财政政策时，能够诱导民间消费投资的增加，从而带动产出总量和就业总量增加的效应。比如，政府对公共事业增加投资会改善当地的投资环境，引起民营投资成本的下降，产生外在经济效应，因此，有可能诱导民营投资的增加，进而导致产出增加；再如，政府用财政资金为居民建立养老和医疗保障，可以形成人们对未来的良好预期，打消谨慎消费的念头，从而引起储蓄减少、消费和投资增加等一系列扩张性经济行为。对公共投资对美国私人投资演变的影响的实证研究表明，公共投资的挤入效应对于设备来说是强大的，而对于结构而言则是微乎其微的，在大约三分之一的情况下，公共投资变量挤出了私人部门的变量。而对发展中国家经济体 1980 年至 1997 年的标准投资模式的实证研究显示，公共投资对发展中经济体的私人投资有积极影响，公共投资增加 10%将使私人投资增加约 2%，大多数国家的政府投资回报超过世界利率。与此结论不同的是，145 个国家 1960—2007 年的面板数据分析结果表明，政府支出通过对私人消费和投资的负面影响而产生显著的挤出效应，而且挤出效应不取决于经济周期的不同阶段，却在不同地区相差很大。对此，旨在开放经济、减少国家对经济的参与以及放开外汇和贸易方向的结构调整计划，可以帮助减少公共投资的挤出效应，进一步加强私营部门的经济。

三、政府间转移支付

政府间财政转移支付是政府间财政关系的一个重要组成部分。从资金的转移方向看，转移支付有上级政府向下级政府转移和下级政府向上级政府转移两大类，大多数国家是上级政府向下级政府进行的转移，因此，通常研究的转移支付是指前者。科学合理的转移支付是上级政府调控下级政府财政行为的重要手段，也是促进同一区域内部各地区间的资源有效配置、财政能力再分配与公共服务均等化的必要条件。

（一）政府间转移支付含义

联合国《1990 年国民账户制度修订案》将转移支付定义为：货币资金、商品、服务或金融资产的所有权由一方向另一方的无偿转移，转移的对象可以是现金，也可以是实物。该定义有双重含义：首先，它强调了转移支付的无偿性，是所有权由一方向另一方的无偿转移；其次，转移支付是所有权的转移，因此，公众向政府缴纳的税收也可以看作纳税人依法向政府所作的强制性转移支付。根据转移支付的概念，政府间财政转移支付可以认定为各级政府之间的财政资金、资产或服务由一个政府向另一个政府无偿转移。

在我国的政府间转移支付大体可以分成狭义和广义来理解。狭义的转移支付仅仅指分税制后中央对地方政府以及地方各级政府对下级政府按照因素、通过数学公式确定的，以财力均等化为目的的转移支付，也就是通常所说的一般性转移支付（过渡期转移支付），这种形式的转移支付代表着我国转移支付制度创新的方向，但目前的规模还比较小。广义的转移支付是指财政预算资金在各级政府间的无偿流动，这种无偿流动实际上是财政资金在各级政府之间的再分配。具体说来，广义的转移支付大体包括以下内容：第一，原体制的上缴或补助。其中上缴为下级政府对上级政府的转移支付，补助为上级政府对下级政府的转移支付；第二，分税制体制中的“两税”（即增值税的75%部分和消费税的100%）基数及按“两税”增长率的1∶0.3返还；第三，通过公式分配的一般性转移支付（过渡期转移支付）；第四，上级财政安排的专项拨款；第五，结算补助中的非上下部分及结算补助中的其他补助。

（二）政府间转移支付的类型

根据不同的划分标准，政府间转移支付可以分为不同的类型。根据地方政府使用补助资金的权限大小，可以分为一般转移支付和专项转移支付。一般转移支付是指中央政府对补助款的用途不作限定，由地方政府自主决定和支配，因此又称无条件转移支付。专项转移支付是指中央对地方补助时附带了一定的条件或指定了使用范围，地方只有满足了一定条件才能获得补助和使用补助资金，因此，又称有条件转移支付。有条件转移支付又可分为有条件非配套转移支付和有条件配套转移支付两种。有条件非配套转移支付是指中央向地方补助时只限定补助款的用途，但不要求地方安排一定数额或比例的配套财力。有条件配套转移支付是指中央向地方补助时不但限定补助款的用途，而且要求地方安排一定数额或比例的配套财力。有条件配套转移支付还可分为：有条件不封顶配套转移支付，指中央向地方提供补助时，限定补助款的用途，也要求地方安排一定的配套财力，但不规定补助款的最高限额。有条件封顶配套转移支付，指中央向地方提供补助时，不但限定补助款的用途，而且要求地方安排一定的配套财力，还规定补助款的最高限额。见表4-1。

表4-1 政府间转移支付的类型表

划分标准	类型
根据地方政府使用补助资金的权限大小	一般转移支付
	专项转移支付
根据政府间的横向与纵向关系	纵向转移支付
	横向转移支付
	纵向与横向混合转移支付

根据政府间的纵向与横向关系，分为纵向转移支付、横向转移支付、纵向与横向混合转移支付三种类型。纵向转移支付是自上而下的纵向资金转移，主要方法是拨付补助金。补助金又分为一般补助金和专项补助金。一般补助金是为了使下级同层次的预算主体具有大体均衡的公共服务水平，实现公平的目标。专项补助是特定用途的补助，是为了体现上级预算的政策调整意图，实现效率的目标。从广义上说，共享税或税收分成也是纵向转移方法。横向转移支付是指由富裕地区直接向贫困地区转移，实行地区间的互助形式。横向转移支付的功能只在于调整横向不均衡。纵向与横向混合转移支付是纵向转移和横向转移相结合，一般以纵向转移为主，辅之以横向转移。

（三）政府间转移支付的目的

在国外，政府间转移支付的目的有三个，分别是外部性内部化、财政均等化和税制改善。地方提供具有外部性的公共产品，然后通过政府间转移支付使这种外部性内部化。通过政府间转移支付可使一国贫富地区公共产品的提供水平不致于差别过大。财政均等化在美国联邦对州这个层次上不是很重要，而在州对地方上很重要。但在加拿大、澳大利亚等国财政均等化是非常重要的。从效率角度来看，财政均等化颇受争议。第二次世界大战后美国南方的复兴就是因为南方较低水平的工资和成本带来的，而从这个视角看，财政均等化只会阻碍落后地区的发展。从公平的角度来看，转移支付牵涉到复杂的经济和政治问题。

在我国，政府间转移支付的目的主要有以下五个方面。

其一，弥补纵向财力缺口。这是由于各级政府的支出责任与收入能力不对称，为了保证各级政府能够履行其职能，必须对各级政府的财力进行再分配。这种上下级政府之间财政收入能力与支出责任不对称，称为纵向财力不平衡。实行分税制财政体制的国家通常对政府间的事权和收入进行了划分，划分的结果是：地方政府承担了大部分支出责任，中央政府集中了较多的收入，从而形成了各级政府之间支出责任和自有收入的不均衡。当下级政府的收入不能保证其履行职能的支出需要时，就要求通过政府间的财政资金转移支付来弥补地方的财力，以保证各级政府都能履行其职责。

其二，弥补横向财力缺口。横向财力不平衡是指在同级次的地方政府之间在收入能力、支出水平以及最终在公共服务能力上所存在的差异。由于存在财力的横向不均衡，造成各地区之间政府在公共服务能力上存在较大差异，表现为在相同的公共服务项目上、地区之间的服务水平和质量上存在较大差异，以及在一些贫困地区某些基本公共服务设施短缺，难以达到最低的公共服务标准。

其三，校正辖区间外溢。在辖区间外溢的情况下，地方公共服务的供应出现不足。地方提供的某些公共服务的利益经常会溢出到那些不为此分担成本的其他辖区。这种外溢具体包括两种情形：一个辖区提供的某些服务的利益溢出到那些没有为此项服务供应提供成本的毗邻辖区的居民身上，如在本地受教育而日后迁居其他辖区的；其他辖区的人口流入本辖区定居而享受本辖区的公园、文化、娱乐、交通设施、当地的大学，特别是卫生福利服务。修正空间外溢要求一套资金不封顶的配套转移支付，配套率取决于外溢比率，即一个项目外溢的利益占全部受益的比率。在我国，目前对这方面考虑不多。

其四，促进资源合理流动和国内统一市场的运作效率。在没有矫正机制的情况下，劳动力和资源倾向于流入那些税收负担较低而公共服务（支出）较高的地区，这种由于非市场力量（财政因素）引导的流动干扰市场机制的导向，导致劳动力和资源流入或滞留在那些不能最有效发挥其潜在经济效益的地区。大量生产要素向资源富饶（低税收高支出）地区的流动，还会造成不公平等社会经济问题。不公平是由于同样的人在不同的地区受到公共部门的不同待遇。转移支付能够缩小各地区间在人均税收和人均公共支出方面的差距，从而在促进效率和公平方面发挥积极作用。

其五，增强国家各地区间的协调团结。上级政府对下级政府的转移支付情况能够影响到一个区域的内聚力。转移支付所解决的不仅仅是经济问题，有着重要的政治动机。一个具有均等化效果的好的转移支付制度，在缩小地区差别的同时，也在很大程度上加强了地区之间的团结，增强国家的凝聚力，促进地区间的协调发展。

（四）政府间转移支付需要注意的问题

其一，中央与地方的事权划分不明确。导致转移支付不确定因素增加，难以确定中央和地方政府在公共服务方面的责任和边界，导致转移支付存在较多问题。

其二，财政转移支付结构不合理。转移支付合理规模的范围界定不清晰、一般性转移支付规模过小、专项转移支付规模过大等问题。

其三，转移支付缺乏系统规划，难以达到预期目标。特别是政府间转移支付缺乏通盘考虑，很多措施没有达到预期效果。财政转移支付资金多头管理，没有专门机构进行统筹协调，不同名目的转移支付资金目标各异，多种财政转移支付形式并存，各自为政，抵消了所应发挥的功能。

其四，部分专项补助存在问题。专项补助比重过大，资金投向分散，项目设置交叉，降低了资金的使用效率，且运行不规范，很多专项补助没有专门的管理办法，分配制度不健全，难以达到预期目标。专项转移支付资金使用效率低，运行不透明，且挪用、挤占现象时有发生。专项转移支付存在项目设置交叉、部分项目与实际需求脱节、项目资金在当年不能及时拨付等问题。

其五，转移支付分配中存在的问题。专项转移支付在分配中人为因素较多，缺乏科学标准和依据，部分项目存在“人情款”的问题；专项资金的立项审批还不规范，一些专项资金的分配使用缺乏事权依据，没有法规可依。

其六，立法层次低，缺乏有效监督。财政转移支付制度属于法规、规章范畴，立法层次较低，难以适应大规模的资金转移，制度运行中干扰因素较多，地方所获得的资金规模更多取决于政策变化及努力程度。

总体上看，政府间财政转移支付制度必须建立在清晰的事权与财力划分的基础上，并有专门的法律制度加以保障。中央对财力的集中度高，财政转移支付形式多样，以实现提供均等化的公共服务为主要目标。转移支付在分配中公开透明，大部分采用因素法通过公式计算进行分配，有利于提高资金的使用效率。

四、政府融资（PPP 模式）

（一）PPP 融资模式内涵

PPP（Public-Private-Partnership）融资模式，是指政府、营利性企业和非营利性企业基于某个项目而形成相互合作关系的一种财政投融资模式。PPP 模式最早在英国提出，是一种超过一个部门的利益联盟的策略行动，许多私营实体为基础设施供给提供支持，并达到足以改善经济行动的目的。

欧盟委员会（EU）指出，PPP 模式即公私伙伴关系，是指公共部门和私人部门之间的一种伙伴关系，其目的是为了提供传统上由公共部门提供的公共项目或服务。加拿大 PPP 国家委员会（CCPPP）指出，公私伙伴关系是公共部门和私人部门之间的一种合作经营关系，它建立在双方各自专长的基础上，通过适当的资源分配、风险分担和利益共享机制，最好地满足清晰界定的公共需求。美国 PPP 国家委员会（NCPPP）指出，公私伙伴关系是一种公共机构（联邦政府、州政府或地方政府）与私人部门实体之间的合同安排。通过这种安排，在为公众提供公共服务或公共设施时，公共机构与私人部门实体各自的技能和资产能够得到共享。此外，除了共享彼此的资源外，双方还要共同承担风险和共同分享潜在收益。

从各个国家、国际组织对于 PPP 的进一步理解来看，PPP 具有广义和狭义方面的含义划分：狭义层面上的 PPP 主要讲的私人部门同公共部门为了可以提供一些公共的产品、服务而构建的各种合作关系，更加强调的是合作过程中的风险分担管理机制，项目的衡量值原则；广义方面的 PPP 可以被理解为一系列项目融资模式的综合，即公私伙伴关系，是为了满足公共产品和服务需求，在政府和私人部门之间形成一种合作关系的公共项目融资模式。

PPP 模式因具有吸引民间投资、充分利用私人部门技术和管理特长等优点，在全球基础设施和公用事业项目建设中获得广泛的应用。

（二）PPP 融资模式分类方法

由于各种 PPP 模式的运作方式以及合作关系存在差异，不同的国家或组织对 PPP 模式形成了不同的分类标准。

美国政府会计处（US Government Accounting Office）将 PPP 划分为 12 种模式，包括 BDO（建设-开发-经营）、BOT（建设-经营-移交）、BOO（建设-拥有-经营）、BBO（购买-建设-经营）、DB（设计-建设）、DBFO（设计-建设-融资-经营）、DBM（设计-建设-维护）、DBO（设计-建设-经营）、DF（开发-融资）、O&M（经营-维护）、免税契约、全包式交易等。

联合国欧洲经济委员会（the United Nations Economic Commission for Europe）提出两种主要模式：一是各种类型的由公私部门间组成的合资公司，二是英国的私人主动融资模式（PFI，Private Finance Initiative）。按照公私部门间承担的责任与风险不同，该组织又将公私伙伴关系细分为如下模式：BBO、BOO、BOOT、BOT、BLOT、DBFO、Finance Only、O&M、DB、Operation License。

PPP 国家委员会（The National Council for Public-Private Partnerships）根据建设和设计阶段的伙伴关系，将 PPP 项目分为 16 种模式，具体包括：O&M、OMM（经营-维护-管理）、DB、DBM、DBO、DBOM、DBFOM（设计-建设-融资-经营-维护）、BOO、BBO、DF、售后回租、免税租用、LDO/LBO（租赁-开发-经营/租赁-建设-经营）、租赁购买、Turnkey（交钥匙）、BOT 等。

世界银行将 PPP 分为六大模式，分别是：服务外包、管理外包、租赁、特许经营、BOT 和资产剥离。

我国学术界在此基础上也形成了其他分类，具有代表性的是根据基础设施项目的权属关系，并结合中国基础设施的特点，将 PPP 模式分为外包、特许经营、私有化三大类。其中，外包类包括模块式外包和整体式外包，特许经营类包括 TOT（移交-经营-移交）、BOT 等，私有化包括完全私有化和部分私有化。

其一，外包类。PPP 融资模式的项目通常是由政府部门投资，私人部门承包整个项目的一项或是几项职能。比如只负责工程建设，或者受政府部门委托来维护基础设施，并经政府付费来实现各种收益，因此私人部门所承担的风险相对来讲比较小。

其二，私有化类型。PPP 融资模式项目需要私人部门负责项目的全方面投资，政府部门负责监管，通过向用户收取费用来收回投资实现利润。这类项目所有权归私人所有，并不具备追索权，因此，私人部门在这种类型的 PPP 融资项目当中承担的风险比较大。

其三，特许经营类型。项目需私人部门参与部分或是全部投资，并通过一定的合作机制，公共部门分担项目所具有的风险，共享项目的收益。按照项目的实际收益方面的情况，公共部门可能向特许经营的公司收取一定的特许经营费时给予一定的补偿，这就需要公共部门协调好私人部门的利润和项目公益性两者之间的平衡关系。因此特许经营类型项目能否成功很大程度上取决于政府相关部门的管理水平。

（三）PPP 融资模式的主要参与方及其职责

在公私合作伙伴关系中，政府、承包商、运营商和客户通过各种合同协议建立了关系，参与者和金融家筹集资金，将各种法律上和经济上的优惠提供给参与者，确保产品的供应生产和销售。各个参与方的主要职责有以下几个方面。

其一，政府。政府（这其中不单指国家机关，还包含了国家授权的企业）一般都是承担项目总发起人，但是政府在项目里面既没有操作权利，也不需要对项目进行规划，它们利用自身授予部分企业投资项目的裁决权和向项目直接投入开发资金或向金融机构进行贷款的形式，为项目开发建设的成本资金、开发环境、开发手续提供便利。

其二，SPV。SPV（Special Purpose Vehicle）是针对特定项目的建设而成立的，它也是项目的规则者、执行者、管理者、决策者，它是通过政府机构与投资者共同达成协议而组建。SPV 的存在对项目起决定性的作用。它能够获得一部分普通投资机构没有的权利，通过向政府机构提出项目顺利运作的方案，促使政府作出适当的政策调整与支持。SPV 拥有项目决策与执行权利，SPV 的中心管理人员由个人或者集体组建而成，在遇到比较复杂的问题时，政府也可以加入进行管理。然而，政府机构人员所占比例比较小，并且不会对项目实施造成重大影响。

其三，银行和金融机构。在国内外一旦采用 PPP 模式对项目进行开发，就意味着资金的巨大需求，这时便需要大量的融资。目前给项目提供可靠的资金支持的有：贷款机构、私人资金融入、各大银行机构、企业或集团的入股。上述的机构以及部门所起到的作用也是项目最重要的部分，就是通过资金的融入使项目顺利开发。

其四，咨询公司。目前由于采用 PPP 模式对项目进行开发，也就必然会有许多机构、部门、公司以及企业的直接参与，资金融入的阶段性难以管理，项目的建设时间也长，整个投资风险比较大，因此需要专业的以及经验丰富的咨询机构对整个项目作参考并制定更为合理的实施方案。比如，针对 SPV 面临的税务、财政、金融等政策选择提供帮助，在不违反国家相关政策的前提下更快更顺利地完成项目建设。

其五，用户。项目的直接使用者和受益者是广大人民群众和相关的政府机构，使用者也需要为项目支付适当的使用费用。在我国目前采用的 PPP 模式中，用户使用项目需要付费，并且费用还会因为项目不同种类而制定出不同标准。一般免费使用由政府付费的项目，需要支付相关的税务费用；如果是由用户按需付费的项目，SPV 自身就可以对其使用的具体时间和设备进行收费。另外，在项目的政策运营期间，广大人民群众可以对其进行严格的监督，如果觉得对项目有合理的意见和建议也能够提出，以此来促进项目的建设与发展。

（四）PPP 融资模式具体方式

在地方政府财政相对紧张的情况下，如何吸引社会资金参与到地方政府的投融资过程中来，是新形势下各级地方政府面临的重要选择。具体的 PPP 有多种操作方式，如 BOT、BOOT 等，下文是其中比较典型的方式。

其一，建设-运营-转移（Build-Operate-Transfer，BOT）。

这类模式下双方约定长期的特许经营期，私人部门负责设计、融资与建设一项新的公共设施，并在特许经营期内享有运营管理的权力，特许经营期满，公共设施的所有权转移给公共部门。实际上，这种模式涵盖了 BOOT 和 BLOT 模式。它是公私伙伴关系中最基础的模式，私人部门只有建设权和经营权，而在项目运转过程中都没有所有权，换句话说，BOT 不过是政府为克服财政短缺和管理经验缺乏的弊端，而吸纳私人资本为满足公共需要提供公共物品。比较典型的案例是英法海底隧道、伦敦泰晤士河达特福第三交叉口、中国香港东区海底隧道、泰国曼谷二期高速公路等。

其二，建设-拥有-运营（Build-Own-Operate，BOO）。

在这类模式下，双方约定私人部门负责融资和建设基础设施，建成后就永久地拥有这些设施的所有权和经营权。所有权和经营权的获得也不是无条件的，公共物品的公共性（公共利益的载体以及公众基本权利）不因所有权转归私有而消失，公共部门为了履行公共责任与义务，在合同中约定限制性条款以及拥有对私人部门的监督权。与 BOT 相比，BOO 的私有化程度较高。如阿根廷的发电项目、澳大利亚的水处理厂。

其三，建设-拥有-运营-转移（Build-Own-Operate-Transfer，BOOT）。

这种模式下，私人部门在特许经营期内负责融资、设计、建设与运营公共设施，在规定的期限内通过使用者付费的方式获取投资回报。与 BOT 不同的是，在特许经营期内，私人部门既有经营权也有所有权，特许期满所有权转归公共部门。由于在一定时间内公共设施的所有权转归私人，所以 BOOT 的私有化程度介于 BOT 和 BOO 之间。如两家中国公司承建的印度尼西亚南苏门达腊省巨港 150MW 燃气—蒸汽联合循环电站项目。

其四，购买-建设-运营（Buy-Build-Operate，BBO）。

这种模式属于政府出售公共资产的一种形式，出售给那些有能力修复或升级改造的私人部门或准公共部门，并由私人部门或准公共部门拥有永久的所有权和经营权。在资产出售前的谈判中，公共部门通过在合同中约定质量、供给效率与价格等条款实施控制。如日本政府把电话系统出售给私人部门。

其五，建设-转移-运营（Build-Transfer-Operate，BTO）。

在这种模式下，私人部门为基础设施负责融资、建设，建成后私人部门将基础设施的所有权转归公共部门，然后，再由公共部门与私人部门签订长期特许经营合同，将经营权委托外包给私人部门。

私人部门通过用者付费或其他有关商业活动的方式获得合理回报。这种模式的优点是公共部门将一项完整的项目特许运营合同分阶段进行，这样可以弥补资金缺口、获取经验，并按照既定标准评估私人开发商的建设成本和建设周期，如果超出原定预算，那么可以在所有权转移后的再谈判中提出更高的约束条款。

（五）PPP 融资模式的应用及问题

其一，PPP 模式的应用。

PPP 模式最主要的特征就是将基础设施的建造和运营捆绑在一起，即把基础设施的建造阶段和运营阶段都交给同一个承包商。PPP 模式的应用主要是在建筑垃圾处理、工程建设、农地整理、城市轨道交通等方面，PPP 模式在公共事业项目应用中成功的关键因素是 PPP 项目中的风险管理。PPP 项目的风险分为不可抗力风险、政治风险、法律风险、经济风险和社会风险等，根据项目参与方的特点各参与方所面临的主要风险也不相同。从经济学角度出发，在建设垃圾处理时要选择合适的 PPP 模式，可以建立经济模型用来检验再生建筑材料的市场经济生存能力。PPP 模式在工程方面的应用广泛，比如卫生、公共安全、教育、交通、国防和公共不动产管理。PPP 模式广泛运用于城市轨道交通，“以公交为导向的发展”思想，主张通过交通系统将住宅、商业、办公等职能系统组织起来，并将各种城市土地利用进行划分，优化用地模式。

PPP 模式在国内的应用项目很多，如污水处理、城市垃圾处理、市政工程、农村环境处理、廉租房建设等。在公共项目的建设中，把 PPP 模式引进来已成为理论界和实践界的共识，国务院于 2004 年 7 月 25 日发布了《关于投资体制改革的决定》，提出利用特许经营等方式吸引社会资本参与公益事业和公共基础设施项目建设。PPP 模式下，政府是重要的合作方，政府从私人部门购买的是一项资产；但是在 PPP 管理模式下，除购买资产外，政府还要根据相应的合约购买一整套服务，因此 PPP 模式在实践中的应用需要政府角色的清晰定位。

其二，PPP 模式融资的优势及问题。

在 PPP 模式中，公共部门和私人部门各有其独特的优势，并能够通过合作实现优势互补，实现比单方行动更优的结果。在传统模式下政府先与一个建造者达成协议再与另一个不同的运营者合作。由于建造者按政府的要求有固定的任务，其报酬的多少与努力程度无关，所以建造者主动性不高。建造者在没有额外努力的情况下会最大化该项目的期望报酬，同时加大对运营者的激励，进一步促使运营者减少成本，把更多的运营风险也转移给了运营者，增加其道德风险。在PPP模式下，将建造阶段和运营阶段交给同一私人部门承担，私人部门选择一个可以最大化总利润的努力水平，即私人部门会内化建造阶段对运营成本的影响。由于建造阶段的投资影响运营阶段的成本，所以PPP模式的捆绑特征可以激励私人部门提高基础设施的质量，进而提高公共服务的质量。

另外，公共部门可以制定相应的政策对项目施加影响，但资金不足，管理效率低；私营部门资金充足，有管理经验，主动性和创新力强，但风险承担能力有限。因此，其在国外被广泛应用于地铁、海底隧道、体育场馆等大型基础设施项目的建设。而在国内，尽管引入PPP模式较晚，应用的实例有国家奥运体育馆，北京地铁4号线、10号线一期工程（含奥运支线）以及广州西朗污水处理系统等基础设施项目。国内外实践表明，PPP模式能够有效地减轻政府财政压力，满足公共基础设施建设需要，同时提高基础设施投资和管理效率。虽然PPP作为一种新型融资模式得到了公共部门和私营部门的青睐，但是融资方案常常成为双方谈判和争论的焦点，直接造成了PPP融资模式前期费用和融资成本提高。

五、政府采购

（一）政府采购的含义

采购多指机关或企业的选择购买。根据采购主体的不同，采购可以分为私人采购和公共采购。政府是最重要和最典型的公共部门，因此公共采购一般又称为政府采购。政府采购与私人采购在许多方面是相似的，采购的根本目标在于识别所需材料的来源，并在需要的时候以尽可能经济的方式按可接受的质量标准获得这些商品。与此同时，两者又有很大的区别。最重要的区别是公共采购部门履行的是托管人的职能，因为受雇的管理员花费的资金来自别人的捐助或税收，雇主依靠这些资金代表他们的客户或捐助人提供服务。因此非营利机构或政府的采购职能就成为了一个受管制的然而却透明的过程，受到无数法规和条例、司法或行政决定，以及政策和程序的限定和控制。这些条件使公共采购官员处于一个具有相当影响力的位置，有可能滥用他们的职权，而私营企业则很少有这样的影响力。

（二）政府采购的模式与方式

政府采购主要有集中采购和分散采购两种模式。集中采购是指由政府设立的职能机构统一为其他政府机构提供采购服务的一种采购组织实施形式；分散采购是指由各预算单位自行开展采购活动的一种采购组织实施形式。

依据采购职能的范围和目标以及采购职能在实现组织目标中的重要性，可以将采购分为商业领域采购、公共领域采购和制造业采购。商业领域是为了转售而进行采购和储存货物；公共领域包括中央和地方政府以及其他公共服务部门，是为了向公众提供公共服务而采购；而制造业是为了制造、加工货物或材料进行采购和销售。综上所述，政府采购是指各级政府及其所属机构为了开展日常政务活动或为了满足社会公共需要，以法定方式和程序，利用财政性资金在国内外市场上购买货物、工程或服务的行为。

按是否具备招标性质，可将采购方式分为招标性采购方式和非招标性采购方式。招标性采购方式是指通过招标的方式，邀请所有的或一定范围的潜在供应商参加投标，采购实体通过某种事先确定并公布的标准，从所有投标中评选出中标供应商，并与之签订合同的一种采购方式；非招标性采购是指除招标方式以外的采购方式。一般而言，达到一定金额以上的采购项目一般要求采用招标采购方式，但在有些情况下，招标方式并不是最经济的，需要采用非招标性的采购方式，比如竞争性谈判、单一来源采购、询价采购等。按采购规模，可将采购方式分为小额采购、批量采购、大额采购。小额采购是指对单价不高、数量不大的零散物品的采购；批量采购，即小额采购物品的集中采购；大额采购是单项采购金额达到招标采购标准的采购。按运用的手段，可将采购方式分为传统采购和现代化采购。传统采购指依靠人力来完成采购过程，如通过报纸、杂志来发布采购信息，采购实体和供应商直接采购等；现代化采购指依靠现代科学技术的手段来完成采购过程，如采购卡采购方式和电子贸易采购方式。

（三）政府采购的原则

政府采购要坚持公开透明原则、公平竞争原则、公正原则和诚实信用原则。

公开透明原则要求与采购有关的法律、政策、程序和采购活动要向社会公开，所有相关信息都必须公之于众。

公平竞争原则要求政府采购既要有竞争性，又要坚持公平性，对所有的供应商都机会平等，待遇平等。

公正原则要求采购人应按照事先公布的原则（如法律法规等）对待所有的供应商，不偏袒和歧视任何供应商，不得滥用手中的权力。

诚实信用原则是对采购主体和供应商双方而言，要求供求双方在采购活动中坚持诚实守信。

（四）政府采购的特征

其一，采购主体的特定性。政府采购的主体主要是指国家各级政府及其派出机构、事业单位和提供公共服务的行业组织、自治组织及其他社会组织，有的国家还包括某些国营企业。它们在性质上明显有别于私人采购的主体。虽然各国的政府采购主体范围有所不同，如有的国家仅指政府部门，有的国家包括社会公共实体，有的国家还包括某些国有或国营企业，但它们一般都是靠国家财政性资金或公共资金运转的。政府采购主体都是依法专门规定的，具有特定性，不是任何单位都能成为政府采购的主体。

其二，政府采购资金来源的公共性。社会主义国家的政府采购资金的来源通常是国家的财政资金，这些资金主要来源于税收、政府公共服务借款以及公共组织通过募捐等方式获得的资金，而不是像私人采购那样，资金来源于采购人自己。

其三，政府采购活动的公益性。政府采购不以盈利为目的，而是通过采购满足公众的需求，其根本目的是为了国家利益和社会公共利益。

其四，政府采购规模巨大。政府采购的规模一般都比较巨大，这一特征是由政府采购的对象所决定的。政府采购所涉及的对象包罗万象，既有有形的也有无形的，既有物品、工程也有技术，非常庞杂。国际上将政府采购内容分为三大类：货物、工程和服务。

其五，政府采购的高效性。政府采购的高效性是指采购的经济性和有效性。政府采购资金来源的公共性决定了政府在采购过程中要合理利用采购资金，追求收益最大化，尽量做到物美价廉，用较少的钱实现较大的利益。

（五）政府采购的流程

一个完整和规范的政府采购项目，一般来说都应包括以下一些共同的环节和阶段。（1）在确定采购需求阶段，一般由采购实体提出对品种、规格、数量的要求，由财政部门审核并列入政府年度采购计划后才能被执行；（2）财政部门在审核采购实体的采购需求后，对采购活动进行事先的分析与预测；（3）择优确定采购模式与方式，发布政府采购信息；（4）政府发布采购信息后，会有供应商与政府联系，此时政府要审查供应商的资质，看其是否有能力承担此项目；（5）审查后要确定执行的采购方式，招标性的采购方式还是非招标性的采购方式；（6）确定好供应商以后，供求双方签订采购合同；（7）供求双方认真履行政府采购合同，行使合同中规定的权利，与此同时认真履行责任；（8）采购实体的检查与验收，政府对采购的结果进行检验；（9）验收后，财政部门要与供应商进行资金结算；（10）最后，采购实体及监管部门进行效果评估。在以上的环节中，要建立完善畅通的信息反馈机制，对每一个环节进行监督并及时反馈进展状况，避免整个采购环节出错。

（六）政府采购的重要性及其发展趋势

建立和推行政府采购制度，可增强政府对整个国民经济的宏观调控能力，实现调控目标。以政府采购为源头，政府采购的数量、品种和频率将对宏观经济运行产生较大的影响。政府采购的社会经济功能是通过立法方式实现社会公平、减少歧视的有效手段。首先，政府采购可以对国民经济进行宏观调控。通过政府采购调节供需，弥补市场失灵问题。其次，政府可以通过采购实现某种政策倾向，政府可以通过采购扶持新兴产业或技术项目，保护民族产业。另外，政府还可以通过政府采购推进反腐倡廉，通过建立完善的监督机制，使政府采购透明化，尽量避免腐败现象的产生。建立和推行政府采购制度是我国加入世贸组织，实现与国际经济接轨，开拓国际市场，壮大民族经济的需要。

随着政府信息化水平的不断提升，政府部门在履行职责过程中沉淀了大量的数据。在大数据时代，政府向社会公众开放其所保有的数据，供社会进行增值利用和创新应用，为其生产、生活和经济社会活动服务，将创造巨大的公共价值，推动经济增长和社会发展，提升国家的整体竞争力。对于政府部门来说，政府采购涉及数以百万计的供应商企业，加大绿色采购，保护环境，无论从反腐败反欺诈的角度来看，还是从产业政策落地的角度来看，深度的数据挖掘可以成为政策研究的重要支撑，甚至还可以成为其他政府职能部门决策的依据。政府采购制度作为国内公共采购的重大制度创新，是我国建立和完善社会主义市场经济体制的一个重要标志。

六、政府购买公共服务

（一）政府购买公共服务的含义

“第三方治理”理论认为，公共服务体系中政府扮演着资金提供者和监管者的角色，而具体服务由第三方机构提供，特别是非营利部门。民营化是“第三方治理”的重要途径，即引入市场机制增强政府提供公共服务的质量；民营化的具体措施包括委托授权、政府撤资、政府淡出，其中“合同外包”或者“政府购买”是最常见的方式。

政府购买社会组织服务是指政府将自身可以直接提供的公共服务事项，通过直接拨款或公开招标方式，交给有资质的社会组织来完成，并根据最后所提供的公共服务的数量和质量来支付相应费用的公共服务运作模式。政府购买公共服务是当前中国行政改革中的重大制度转型。

“合同外包”是政府购买公共服务最具代表性的概念。合同外包就是政府通过与私营企业、非营利组织签订关于物品与服务的合同，由私营企业与非营利组织来组织生产公众所需的服务，而政府只是服务的提供者。政府购买采用合同外包提供服务的三个基本条件：服务的要求和标准能够被清晰表述、监督成本不是很高、存在提供服务的竞争性市场，因此可以说，低交易成本的服务最适宜外包，高交易成本的服务适合内部生产，混合交易成本的服务应视情况而定。

（二）政府购买公共服务的模式

其一，国外模式。政府购买公共服务可划分为三种基本模式：（1）竞争性购买。该种形式的购买由可被完全界定的服务、可实施广泛的宣传和邀约、可作出客观的奖励决定，以客观的成本和绩效监控过程为前提。（2）谈判模式。该模式适用于供应商较少的领域，能包容不确定性和复杂性。（3）合作模式。合作则是一种适用于资源缺乏、政府经验不足、高不确定性和复杂性条件下的政府购买模式。这种购买中往往只有一个供应商，合作基于相互信任，合同灵活可变，供应商与政府间关系平等（见表 4-2）。

表 4-2　国外政府购买公共服务的三种模式

购买模式/特征	供应商数量	购买方水平	不确定性和复杂性
竞争	多	低	低
谈判	较少	较高	较高
合作	少或唯一	高	高

其二，我国模式。通过对多地政府购买公共服务实践的分析，根据承接公共服务的民间组织相对于作为委托方是否具有独立性，政府购买公共服务可划分为独立性购买和依赖性购买；依据购买程序是否具有竞争性，又将其划分为竞争性购买与非竞争性购买（见表 4-3）。

表 4-3　我国政府购买公共服务的四种模式

		社会组织与政府之间的关系	
		独立性购买	依赖性购买
购买程序	竞争性购买	独立关系竞争性购买	依赖关系竞争性购买
	非竞争性购买	独立关系非竞争性购买	依赖关系非竞争性购买

此外，由于非正式购买受政府制约严重，也将非正式性购买视为一种形式性购买，认为它只是政府职能的延伸，并不是一种独立的购买模式。

（三）政府购买公共服务的关键

其一，竞争问题。政府购买是新自由主义和公共选择理论推动的新公共管理运动的直接产物，其核心是把市场竞争机制引入政府实践，以期达到提高服务的质量和降低服务的成本。至于政府购买公共服务中的竞争的具体形式，主要表现在两个方面：（1）参加投标的合格供应商至少有两家；（2）公共服务购买的程序符合竞争性要求。但竞争并不总是带来高绩效结果。由于不信任及竞争关系的阻碍，典型的公共服务合同外包常常会抑制高绩效，而不是增强绩效。甚至在某些情况下，竞争对效率与有效的合同履行是一种损害而不是促进。市场理论认为竞争可以带来高绩效，但与市场理论相反，竞争性供应商在绩效方面并未胜过非竞争对手。

其二，合同管理问题。政府合同管理是一个动态过程，包括从公共交付到市场，从市场合约到内部交付的转变，政府管理和监督在服务外包和签约后都是合同管理中的关键问题。面对来自承包经验、交易成本、政府结构与运作特点以及外部环境的挑战，政府必须从三方面提高合同管理能力：（1）可行性评估能力——决定公共购买还是内部生产；（2）执行能力——保证合同有效实施和管理；（3）评估能力——准确评估合同绩效。合同管理效果也受某些因素影响：供应商的良性竞争、充足的资源、承包商绩效测量的合理规划、政府合同管理人员的强化培训、承包商工作人员的能力评估、承包商财政管理能力的评价以及充足的外包理论基础等都会对合同管理产生积极影响，而顾客支持群体的政治实力、分包商的复杂性以及承包商的风险转移等因素则会对合同管理产生消极影响。

其三，购买动力问题。从现实压力、经济推动力、意识形态动力、商业动力及平民主义等各方面来分析公共服务市场化的动力，可以总结为以下购买动力：（1）实现低成本和高收益；（2）有助于社会自治；（3）节省政府开支；（4）迎合公众对小政府的需求；（5）减少公众对官僚机构的依赖；（6）改进管理；（7）提高政策的灵活性；（8）官员的价值选择；（9）公共服务主体多元化的需求与政府管理一元化之间的矛盾；（10）推行公共服务的市场化和社会化的需要。

（四）政府购买公共服务需要规避的问题

其一，购买功效认知偏差。首先，政府购买公共服务并不能有效控制政府规模扩张，也没有抑制财政赤字上涨，服务购买存在着风险，对政府购买公共服务的真正功效缺乏研究，而各国不断膨胀的政府、不断上涨的财政赤字却表明，对政府购买的欢呼有些为时过早。其次，政府购买公共服务不像是出于对经济理性的信仰，而更像一种象征性的政治行为，它并不追求竞争和低成本，而只用来表明政府已经从直接的公共服务提供中解脱了出来，它并不侵占私人市场，变得越来越小、越来越有效。最后，政府购买公共服务因其相对较弱的意识形态色彩尤其为各国政府所追捧。然而，在政府购买公共服务问题上，因为缺乏经验数据支撑，并且对购买风险认知不足，有些政府表现出热情有些过度的问题。

其二，购买体系不健全。供给方存在的问题：形成小规模垄断；市场会受到额外成本效益影响；缺乏竞争；存在机会主义现象；基于熟人的合作关系。需求方存在的问题：无法确定购买服务的品质和数量；无法克服信息不对称问题；缺乏法律规范；购买过程随意性大；购买效力低下；地区发展不平衡；未实现城乡公共服务均等化目标。

其三，购买模式存在风险。竞争模式：投机取巧；非法行为；购买成本高于政府自我提供服务成本。谈判模式：政府主导谈判；内幕交易；关注过程而非结果；购买程序不透明。合作模式：由合同关系转化为依赖关系；政府易于被供应商“俘获”。依赖关系非竞争性购买模式：没有体现公平竞争原则；购买程序不合理；难以实现政府目标。独立关系非竞争性购买模式：委托混淆；政府责任混淆；容易形成不正当竞争。独立关系竞争性购买模式：合作基础薄弱；信任危机；过分追求利益。

第三节　政府信息类工具

一、政府信息公开

（一）政府信息公开的含义

政府信息公开是指国家行政机关和法律、法规以及规章授权和委托的组织，在行使国家行政管理职权的过程中，通过法定形式和程序，主动将政府信息向社会公众或依申请而向特定的个人或组织公开的制度。

广义的政府信息公开主要包括两个方面的内容，一是政务公开，二是信息公开；狭义的政府信息公开指政务公开。政务公开主要是指行政机关公开其行政事务，强调的是行政机关要公开其执法依据、执法程序和执法结果，属于办事制度层面的公开。广义的政府信息公开的内涵和外延要比政务公开广阔得多，它不仅要求政府事务公开，而且要求政府公开其所掌握的其他信息。

（二）政府信息公开的特征

第一，政府信息公开具有行政性。政府信息具有行政性，政府信息公开同样具有行政性。一方面，政府信息是与行政行为有关的信息，或者是政府机关以职权获取的信息，这些信息都与政府公共行政权力的运行有关，是行政权力运行过程或其结果的表现形式，没有行政权力，就没有我们所说的公共信息，也就没有政府信息公开。另一方面，政府信息公开也需要行政权力的运行，信息的产生离不开行政权力，信息的公开同样离不开行政权力，有时信息公开的过程也就是信息产生的过程，行政性贯穿始终。

第二，政府信息公开具有例外性。并不是所有的政府信息都是可以公开的，实际上，相当一部分政府信息是不可予以公开的。政府所掌握的很多信息是具有“秘密”等级的，这是基于国家安全的需要，也是世界各国普遍的做法。当政府信息的内容涉及国家的安全，公开会影响国家的利益时，其公开就会受到严格禁止，并通过《保密法》予以严格规制。因此，政府信息公开具有例外规定，并且，由于对可以公开的信息难以一一列举，因而，在立法技术上，一般把例外信息作为研究的重点，除去例外信息，其余的政府信息均应当公开。

第三，政府信息公开要以载体为依托。政府信息是无形的，它必须通过一定的方式体现出来，一定的方式实质就是一定的载体的表现形式。比如，通过政府公开刊物刊载出来，通过设立阅览室展现出来等，这些表现形式均离不开一定的载体，因此，政府信息公开要以载体为依托，离开载体，政府信息无法传递。载体的范围是多种多样的，既可以是纸张书面形式，也可以是电子版形式，并且，随着科技的发展，通过计算机网络形式获得信息的方式更为普及，但是，不同的载体的成本是不一样的，这就需要法律的规定与选择。因而，政府信息公开要以载体为依托的特性，尽管不显得那么重要，但是，它却影响着信息的传递，甚至也直接影响政府信息公开收费标准的确定。

（三）政府信息公开的分类

第一，主动公开与依申请公开。政府信息公开根据信息公开的主动程度，可以分为主动公开与依申请公开两种形式。主动公开是指政府机关主动公开其拥有的政府信息的行为。主动公开的信息的范围一般要有明确的法律规定，政府机关负有主动公开的义务，如果政府机关不依公开法律明确规定应该主动公开的信息，将要承担法律责任，其责任的追究一般通过政府信息公开的监督机制来实现。依申请公开是指政府机关依据申请人的申请，根据法律规定，依照一定的程序公开政府信息的行为。依申请公开的公开义务主体政府机关是消极被动的，没有申请人的申请，政府信息公开的程序则不予启动。但是，一旦公众、法人或其他组织申请公开政府信息，政府机关就必须受理当事人的申请，并通过审查判断，作出决定。属于法律规定可以公开的信息，政府机关必须做出准予公开的决定，否则，也要承担一定的法律责任。对于责任的追究，一般要由不服不予公开决定的申请人启动救济程序，继而由监督救济机构通过对责任的追究，保护具体公众的知情权利。

第二，全部公开与部分公开。全部公开与部分公开也称作整体公开与局部公开。它是根据所公开的政府信息的内容完整性程度来做的划分。如果一件政府信息的全部内容得以公开，就称作全部公开；如果一件政府信息仅有其部分内容得以公开，则称作部分公开。就一件完整的信息而言，既可能是依据法律可以公开的信息，也可能是依据法律属于例外信息不能公开的信息，这是一种情况。另一种情况是，一件完整的信息，部分内容可以公开，部分内容则属于例外信息，不能公开。这样，就存在全部公开与部分公开这一分类。这一种分类告诉人们，尤其是告诉政府机关及其工作人员，判定一件信息能否公开，不能简单地一刀切，还必须注意分析整体信息的内容。可以全部公开的信息应予以全部公开，可以部分公开的信息应予以部分公开。既不能以部分内容不能公开为借口，不予公开可以公开的信息部分，侵犯公众的知情权；也不能以部分内容可以公开为借口，公开全部信息内容，泄露国家的秘密。

第三，全面公开与限制程度的公开。根据阅览政府信息对象的不同，可以把政府信息公开分为全面公开与限制程度的公开。政府信息公开主要是面向社会公开的，如果阅览信息的对象是社会全体公众，那么，这种公开就被称作全面公开；如果阅览信息的对象受到限制，那么，这种公开就被称作限制程度的公开。全面公开是政府信息公开的主要形式，法律规定的政府依职权主动公开的政府信息都是属于全面公开的信息；依申请公开的信息一般也属于全面公开的信息，但是，有一部分则是属于限制程度公开的信息，比如，依申请公开的政府机关管理的个人档案中的某些信息就属于限制程度公开的信息。另外，有些信息只准在一定范围内传播，或者只准一类特殊身份的人阅览，这些信息也属于限制程度公开的信息，比如，在我国，部分单位或地区设立的处级阅览室等。

（四）政府信息公开的基本原则

政府信息公开的基本原则就是指导政府信息公开法的制定、执行、遵守以及解决政府信息公开争议所必须遵循的基本准则，它贯穿于政府信息公开的立法、执法和监督救济的各个环节中。政府信息公开的基本原则体现着对公众权利保护的观念，方便公众权利的实现。在现代社会，政府信息公开的基本原则体现着政府的服务宗旨。政府信息公开的基本原则易于通过法律条款使之具体化。我国政府信息公开的具体原则包括权利原则、公开原则、平等原则、便民原则、免费自由使用原则以及救济原则等六个方面，是政府服务宗旨的体现。

其一，权利原则。政府信息公开的权利原则是指获得政府公开信息是公众的权利，政府信息公开是实现公众知情权的必然选择，体现着对公众知情权的保护，是从根本上建立政府信息公开制度的基础和基石。权利原则所体现的权利是公众获得政府信息的权利，而实现的是公众知情权的内容。公众的知情权是公众的自然权利，具有自然属性。针对政府而言，知情权的直接要求就是获得政府的信息，因此，公众获得政府信息的权利是来源于知情权的，两者之间是再生的关系。这样，公众获得信息的权利得到了保障，知情权的内容也就得到了实现。获得政府信息是公众的权利，提供政府信息是政府的义务。既然政府信息公开法律制度是为了保护公众的获得政府信息的权利，那么，获得政府信息是公众理所当然的权利，不是政府的恩赐。政府作为民意的代表机构的执行机构，有义务提供政府信息。政府信息公开法律制度就是使政府机构对其应当公开的信息规范化，使政府工作人员对其负有的公开义务法律化。这正是权利原则的具体要求。为此，政府工作人员要增强责任感，培养保护公众知情权的意识。

其二，公开原则。信息公开原则理论基础源于行政公开原则。从政治学角度，行政公开原则主要是基于对现代社会权力健康运作发展的需要，基于对行政权力的监督的需要。由于“权力自身存在着自然腐化的倾向”① 和自然的扩张性，所以要对权力进行监督和控制。行政公开就是一种很好的监督和控制行政权力的手段，能够有效地控制行政权力的过度膨胀，防止腐败。行政公开还能够强化

---

① 罗豪才. 行政审判问题研究［M］. 北京：北京大学出版社，1990：55.

民主政治。行政公开原则的确为公众的参与开辟了制度化的渠道，有利于人们更好地参与行政管理活动。正确地理解公开原则，要注意广义上政府信息公开与行政公开原则的内涵趋于一致。公开原则说明申请人向政府机构申请获得所需信息时，无需说明理由，政府应该依法提供。公开原则所指的政府信息是法律规定的可以公开的政府信息，对于保密的信息，公众无权要求政府公开，政府也无义务主动公开。行政公开主要通过旁听、报道与转播、刊载、查阅等方式实现，政府信息公开也离不开这些方式。

其三，平等原则。平等既是本质上的平等，又是指分配上的平等，即人与人之间应在财产分配、社会机会和政治权利的分配上较为平等。政府信息公开法律制度自然也要遵循这一原则，平等原则引入到政府信息公开这一领域是非常必要的。全面正确地理解政府信息公开法律制度中的平等原则，需注意平等原则在政府信息公开法律制度中的体现就是指人人具有平等地获取政府信息的权利。由于政府信息具有公共财产的性质，政府机构制定的法律、法规、规章以及其他规范性文件，其收集、利用、传播、保存和负责处置信息所需的经费，均是来源于纳税人的税金，所以，人人都可以获取，都可以要求政府提供，这种获取的权利不应因申请人的身份、地位的不同而不同。申请人不应有资格的限制，不仅和信息有关的直接当事人可以申请获取，其他任何人都可以申请，并且具有平等的获得信息权。平等原则运用于政府信息公开法律制度领域是世界上很多国家的做法，这是人类法治文明的共同成果。平等原则得到落实，需要平等原则的程序化。政府信息公开制度的设计方面，一方面，任何人都可以申请政府信息公开，另一方面，信息公开也要有一定的程度，是全部公开，还是部分公开，是针对社会公众的公开，还是只对同一层级的极少数人公开，法律需要有明确的规定，并具有可操作性。

其四，便民原则。便民原则应作为政府信息公开法律制度的一项重要原则。便民原则是政府信息公开制度落到实处的重要保证。执政为民要求各级政府要以人民的根本利益为出发点和落脚点，想人民之所想，思人民之所思，树立以群众为中心的正确的行政观念。

在制度的构建和实施中，就是要方便老百姓，为人民服务。便民原则体现着政府对公众知情权的尊重。既然政府信息公开是为了保护和实现公众的知情权，那么，在制度的构建中就要体现方便公众获取政府信息的设计，这样才能真正体现政府对公众知情权的尊重，使政府的制度建设原则性、目的性保持一致。便民原则也是政府提高信息公开制度运行效率的有效途径。政府信息公开就是向人民群众公开，有的信息需要政府主动公开，有的信息是依申请才公开的，其程序的启动者是人民群众。因此，人民群众方便获取信息或正确参与政府信息的公开工作是必然的。这个必然的过程，如果贯穿便民原则，显然会提高效率。

其五，免费自由使用原则。免费自由使用原则包括两个方面的含义：一是免费，即政府机关不得借信息谋取利益，不能根据信息本身的价值收费；二是自由使用，即申请人获得政府信息后可以以市场化的方式对信息进行再加工或其他形式的商业开发。因此，这一原则是从政府和信息使用人两个角度规范信息的公开和流动性问题的。政府在行政管理过程中，通过使用纳税人的钱搜集和制作的信息形成政府信息资源。政府信息作为公共资源，作为社会个体的公众自然可以免费使用。由于政府掌握着政府信息，政府及其官员可能借助手中的垄断信息进行寻租，通过各种方式谋取不当利益。这样，一方面增加了腐败现象，另一方面，公众获得信息的成本也大大提高了，这与政府信息公开法律制度的目的大相径庭，因此，有必要确定公众的免费使用原则。确定公众的免费使用，主要是针对政府主动公开的信息而言的，对这类信息要以不收费为原则。

其六，救济原则。有权利就需要有救济，否则权利的实现就无保障。政府信息公开法律制度中的救济原则是指当申请人认为其知情权或第三人认为其合法权益受到威胁或实际侵害时，可以通过一定的途径获得行政上或司法上的救济。救济原则是世界各国政府信息公开法律制度中贯彻的基本原则，体现了没有救济就没有权利的思想。按照该原则所设计的救济制度，能够使申请人与第三人依法维护自己的知情权和其他权利，从而可有效地保障政府信息公开法律制度目的的实现。救济原则一方面保护公众的知情权，另一方面维护第三人的隐私权或商业秘密。从政府角度而言，救济原则限制的是政府的权力，它对政府机构及其工作人员实施政府信息公开行为具有约束力。救济原则的贯彻必须结合各国的实际状况，它与各国的行政救济制度的现状密切相关。

（五）政府信息公开的主体

政府信息公开制度中的主体包括权利主体、义务主体以及监督主体，作为主体，其首要的因素就是主体参与，否则行为就无法产生，政府信息公开就无从谈起。

其一，政府信息公开义务主体。义务主体一般指拥有政府信息的行政机构，尽可能地扩大政府信息义务主体的范围，义务主体的范围直接影响可以公开的政府信息的多少，以及是否保证了公众知情权的实现。

其二，政府信息公开权利主体。一般是指拥有相应法定知情权的主体，政府信息公开的权利主体应该是拥有知情权的人，但从“人”的属性上分包括自然人、法人或其他组织；从“人”的国籍区分，本国人是必然的权利主体，外国人则不同。

其三，政府信息公开监督主体。一般是指对政府公开行为负有监督职责和权力的主体。政府信息公开监督主体主要分为三种：一是行政监督主体，不仅包括政府信息公开义务主体内部监督主体，这是直接监督也是最简单的一种监督，还包括行政监察机关、行政复议机关，都是为了保证对政府信息公开行为的有效监督；二是司法监督主体，主要是法院和检察院等司法机关，司法监督是为了弥补行政监督的不足，防止行政权力的滥用，同样也是社会公平公正的保证；三是社会监督主体，主要包括公众、媒体舆论等主体，更能起到监督的作用，其监督内容上不同于行政监督主体和司法监督主体，偏向于政府信息公开的内容监督。

（六）政府信息公开的渠道和程序

其一，政府信息公开的渠道。

政府信息公开的渠道是指用以规定和认可政府公开信息的形式和方法，其一是指政府信息公开赖以传播的各种途径和手段，如以公开栏、政府出版物、新闻媒体、互联网等载体来公开政府信息；

其二是指政府公开信息权利主体的各种表现形式，如纸质信息、电子信息等。主要包括：（1）主流媒体公开，主要包括政府出版物、大众媒体、会议等；（2）网络媒体公开，网络媒体以其优势快速成为了政府信息公开的主要方式。政府网站也成为了义务主体进行政府信息公开的第一选择，其中信息交互及信息检索是最为突出的；（3）查询场所公开，主要包括政务大厅、公共图书馆、国家档案馆等机构。三者的职能不同，所属部门不同，提供的政府信息公开服务也不同。

其二，政府信息公开程序。

政府信息公开程序是指各公开主体在公开行为上应当遵循的步骤和规则，包括主动公开程序和依申请公开程序。政府信息公开程序对政府信息公开活动起着制约作用，是规范政府信息公开工作，也是对权利主体公正、公平获取政府信息的重要保障。主动公开程序主要涉及的是自政府信息形成起，应该经过哪些步骤，直至公众知晓。其中最主要的就是主动公开信息的时限和渠道。在国际上，明确规定主动公开信息时限的国家并不多，但是网站成为了主动公开信息的主要渠道。政府信息形成过程中，就需要对政府信息进行定性，是否公开、是否主动公开、是否需要审核等。依申请公开程序较为复杂，依申请程序的发起者是公众，依申请公开程序的完善程度决定了整个制度的成熟度。

二、政务微博

（一）政务微博的含义

政务微博是指代表政府机构和官员、因公共事务而设的微博，用于收集意见、倾听民意、发布信息、服务大众的官方网络互动平台。其目的主要在于通过与公众的良性互动，搭建一个社会化参政、议政、问政的网络交流模式与平台。作为各级政府部门开设的具有官方性质的微博，从广泛意义上来讲，政务微博还应该包括政府官员的微博，虽然政府官员微博属于个人微博，但其扮演的角色与其他个人微博相比，有着特殊性，官级越大，微博受关注的程度就越高，政府官员的言行也代表了政府的态度。政务微博是政府机构、行政部门及其相关的政府官员，利用主流网络平台，以实现公共管理和服务为目的开设，旨在提高政府工作效率、引导舆论导向，开拓公众政治参与渠道的为民服务的双向互动型新媒体平台。因此，根据不同的发布主体可分为两种类型，第一种是各级政府部门或行政机构和相关政府官员通过实名认证开通的官方微博平台，这类微博是围绕着政府工作展开的；第二种是公众通过个人微博，发布关于政府工作的意见和建议，在发博内容中通常链接某个政府部门或政府官员。

（二）政务微博的特征

微博具有速度快、成本低、不分时空、参与门槛低等特点。政务微博作为政府部门及其工作人员开设的主要用于发布政府公共信息、倾听民众的呼声和诉求、与民众互动沟通，从而促进政府权力有序运行的微博，其特征有以下几个方面。

第一，信息传播的及时性。政务微博用户可以通过电脑或手机在第一时间对自认为有新闻价值的信息上传。这使得话语权掌握在了每一个微博用户手中，任何人都可以通过微博发表自己的见解，传播自己的思想；每一个微博用户，都可以对发生的事件进行有效传播，及时快速地发布消息，转发、评论、私信和链接相关微博主。

第二，信息量大且呈现碎片化。政务微博信息快速传递方式是转发，但对单条微博发送字数控制在 140 个字符以内，因而一条微博无法清晰、完整地说明问题，一个事件可能被分解为很多条微博，信息呈现碎片化。这个原因可能会加大政府信息管理部门工作人员信息筛选的难度，增加信息回复的时间，使得原本提高的工作效率适得其反。

第三，具有公共性和服务性。政务微博与其他类型的微博不同，政务微博是以政府为主导的公众积极参与和互动的微博类型，因此，应始终具备政府职能，力求建设成为提升政府工作透明度和公信力、加强与公众互动交流、展示地方或部门特色的重要平台。

第四，参与主体多元化、互动性强。政务微博的参与者是政府部门和普通公众，两者既是参与主体，也是参与客体。政府部门跟公众一样，只要注册微博账号都可以发布消息与人互动沟通。在微博上，政府部门发布一条消息，公众就可以及时评论发表自己的见解和不清楚的地方，并进行转发传播；微博给政府部门提供了低成本发布消息、迅速塑造自身良好形象的平台，为公众提供了政治监督和发表政治诉求的渠道。

（三）政务微博的功能

第一，政府与公众互动沟通的新渠道。政务微博拉近了政府与公众之间的距离，公众不再被动接受信息，而是主动地接受，消除传统沟通过程中的阻碍，公众可以表达自己的见解，政府通过使用政务微博，打破时间、空间上的限制，及时倾听民意，汇聚公众的智慧，增加政府与公众间的有效互动，从而逐渐成为政府部门调查民意的重要窗口。

第二，官方权威信息的发布平台。政务微博的兴起，使得政府部门及政府官员选择以发布微博的方式，随时随地发布政府信息，提高了政府信息的更新频率，降低了以往传播方式的经济成本，提高了信息发布的准确性，缩短了反馈的时间。尤其是在突发事件中，政务微博的优势更加凸显。

第三，引导舆论和监督政府的新工具。政务微博的舆论影响机制主要流程为微博爆料→公众质疑→聚合民意→传统媒体跟进→与网友配合挖掘事件真相→舆情扩大→最终事件主体或主管部门回应处理。目前政务微博无疑成为了政府控制舆论话语权、了解民情、发布权威消息、稳定公众情绪、处理突发事件更加完善的网络平台。

（四）政务微博的运行机制

其一，政务微博的法律保障机制。因法律保障的缺失，运行政务微博既未成为行政机关法定的职权，也未成为其必须履行的职责，是否推行以及怎样推行均由各级行政机关自行把握，以致表现形式林林总总，实际效果参差不齐，甚至还出现了因盲目操作产生消极作用的事例。因此，建立完善的法律保障机制无疑是推动政务微博顺利运行的前提。

其二，政务微博的组织协调机制。政务微博管理部门是类似于办公室的综合职能部门，其主要职责是利用微博统一发布政务信息，及时与民众沟通，关注民众的诉求，协调内部职能部门的业务工作，从而做好舆论引导工作。最重要的是，领导干部唯有以信息道德来规范自己的微博，才能真正做到规范行政权力，保障公众的知情权、参与权和监督权。

其三，政务微博的沟通互动机制。第一是信息公开机制。明确政务信息的内容，包括涉及民生的各类信息、本部门的办事指南、相关的法治信息、本部门机构职能分工等公众广为关注的信息。当然，信息的发布一定要注意保守国家秘密和个人隐私。二是及时回应机制。微博管理部门在了解民意后，应当将信息迅速传递给相关职能部门，并督促其针对民众的建议对相关问题进行积极处理或进一步规范。三是主动关注机制。政务微博的管理者同时也可以通过加关注成为其他微博的粉丝，积极主动地了解社会信息和行业动态。

其四，政务微博的评估反馈机制。政务微博除了具有信息发布、互动沟通功能外，还可以作为评价行政权力运行效果的参证。因此，反馈评估机制必然成为政务微博的重要组成部分。通过建立政务微博影响力跟踪分析机制、评估机制、责任追究机制以促进政务微博的持续健康发展。

（五）政务微博的发展趋势

第一，利用微博政务服务新形式，提高政府行政能力。推行政务信息公开是政府提升公信力的根本途径之一。与公众的互动交流也是政务微博的重要功能之一，它也是促进阳光行政、提高政府亲民度和公信力的良好措施。善于使用多元化宣传手段，注重“粉丝效应”，打下群众基础。微博平台中可应用的传播方式多种多样，文字、图片及视频等皆可以作为信息的载体。

第二，更加注重线上线下合作，建立一整套科学完善的运行机制。线上线下政务结合是未来政务发展的趋势，能够促进政务多元化发展，最大限度地整合政务资源，为公众提供便利。要重视跨地域、跨部门、跨层级合作，要做到充分利用互联网政务的优势，建立健全相关标准及规范，制定相关政策，推动实际工作与微博平台的无缝对接。

第三，提高突发事件处理能力，积极进行正面回应。及时向社会发布调查信息，保障公众知情权，在谣言产生的第一时间抢占舆论高地，紧握话语主导权。政务微博要在实践中摸索，制订完整有效的危机应急预案，避免在危机发生时惊慌失措。

第四节 政府管制类工具

一、政府规制

（一）政府规制的含义

国外学者对于政府规制的定义，首先从经济学角度出发主要有以下几种观点：第一种，认为政府规制是政府部门对于公共利益的追求。认为规制就是对某种产业的结构和经济效益等主要方面所进行的政府直接规定，譬如价格决定、质量规定、服务条件以及进入控制的规定等都属于规制内容。第二种观点认为，所谓的政府规制实际上是利益集团通过俘获政府所争取到的有利于自己的政策，作为一种规制，这通常是企业自己争取来的结果，规制的设计以及实施主要是为被规制产业自己所服务的。第三种观点则认为，规制这种手段是政府对于经济的控制行为，政府规制是行政机构指定并执行的直接干预市场机制或间接改变企业和消费者供需政策的一般规制或特殊行为。

其次是从政治学角度来看，政府规制是政府控制市民、公司、下级政府或准政府组织的任何行为的企图，实际上是政治家们寻求某些政治目的时的政治过程。再次，从法学角度看，学者们很少考虑规制的效率、资源配置等问题，主要是追问某一行为是否构成法律上的垄断，即该行为是否合法，合乎正义、自由和正当性。

我国学者对政府规制定义看法不一。例如从主客体角度来看，规制是指政府的许多行政机构，以治理市场失灵为己任，以法律为根据，以大量颁布法律、规章、命令及裁决为手段，对微观经济主体的不完全是公正的市场交易行为进行直接的控制和干预；从最终目的的角度来看，规制是指政府对私人经济活动所进行的某种直接的、行政性的规定和限制；从参照依据角度来看，规制是基于公共利益或其他目的依据既有的规则对被管制者的活动进行的限制。

（二）政府规制的具体类型

根据政府出台的各项控制政策的性质差异，将政策规制划分为经济类、社会类以及行政类。行政类的规制是由前两者衍生而来，规制对象为前两者的工作人员，是各政府机构自身内部的监管。

其一，经济性规制。经济性规制是在自然垄断和存在信息偏差的领域，为了减少资源的浪费或者低效配置以及保障资源使用方的公平公正，政府借助法律手段规制企业的定价、投资、会计处理等行为。

其二，社会性规制。社会性规制是为了保护经济活动参与者中的劳动者以及消费者，使其生命安全、身体健康等方面不受侵害，从而保障社会秩序的稳定及和谐，该规制制定一系列的标准用以规范产品质量以及产品生产经营等过程中的各项活动，并明确对某些特定行为加以限制，其主要内容包括环境污染规制、产品质量规制以及工作场所安全、卫生健康规制等三个方面。

其三，行政规制。行政规制是对前两大规制工作人员的规制，通俗来讲是为规制规制者本身而设立，能够规范制定政策和执行政策的人员，从而改善政府失灵的情况，保证政府政策性规制的效率。

（三）政府规制的原则

政府规制本身的强制性是落实政策的强有力保证，但是也形成了一定的负面作用。在进行政策制定和落实的过程中，各地政府和工作人员都有一定程度的裁度权，在一定的空间范围内，工作人员可能会公为私用并产生各种短期利益的行为。当行政上的权力具备了一定冠冕堂皇的遮盖从而参与到市场中去时，个人利益的最大化将可能成为工作人员的追求。此时，这种行为与市场失灵无异，政府以及工作人员的行为会出现低效率、与目标背道而驰的可能，比如政府规制的失灵。因此，政府规制并非全能，经济的发展应该设定具有适当性的规制，在设立规制时，要注意以下一些原则。

其一，以产业可持续发展为前提。一个新兴产业，若要可持续发展，在初生阶段不仅需要进行扶持，更要防止走弯路，以及乱象从生，尽可能将风险消灭在萌芽状态。总体上，政府规制的主要原则是作为市场机制的补充，主要目的为保障企业的自治。

其二，保障企业自主经营。在市场经济的机制下，政府规制也具备其局限性，不可能把一切都管起来，政府作为社会公共事务管理者对市场进行规制。政府规制预期达成的目的是许可并培养企业实现自治，最终使政府本身变为多余的成分，并达到无为而治的境界。如果政府规制的结果是使公司自治能力越来越差，使自己越来越不可或缺，那肯定是政府规制失败的标志。

其三，增强企业竞争力。如果企业自身能够通过自治处理各类问题，则不需要政府规制，放手让企业在市场中奋力拼搏。另外，政府应该成立层次更高的组织机构和领导机构，将技术层面和产业层面的相关政策予以融合，积极促进科研成果的产业化和商业化，整合政府部门、科研单位以及公司等多方的禀赋资源，提供市场支持与保护，在科技投入方面形成行之有效的机制，为企业发展提供帮助与支持，以此提高国内企业在国际市场上的竞争水平，抢占新兴市场，进而促进经济转型与结构调整。

（四）政府规制的常用方法

政府规制类的相关政策应该覆盖市场的主体、客体和载体，常用的规制方法如下：（1）价格规制。政府通过对与国计民生相关的产品以及日常服务设定最高和最低的价格区间，以保障产品的供给稳定。（2）进入和退出规制。政府通过明确某类特定经济参与者进出市场的要求和标准，设定不同的限制条件，以防止浪费资源或者市场垄断，建立资格认定制度。（3）市场运行规制。政府通过立法、制定规则等各种方式来禁止某些特定行为、限制某些营业活动，核查和鉴定规范市场载体如审批交易场所设立、管理等准入制度。（4）数量规制。以政府限定的价格标准为基础，明确企业等经济参与者能够提供的产品以及相关服务的数量。（5）质量规制。政府对作为经济参与客体的产品以及服务本身的质量加以规制，从而保质保量、保障消费者权益。（6）融资规制。企业投资于某一产业时，政府可以发挥其支持或者制约作用，从而对产业主体的参与数量及其融资情况形成限制。（7）信息规制。政府通过发挥其公共权力作用，能够建立制度措施来减少信息不对称，从而保障参与主体的公平和平等，以此形成社会良好的信息披露和公开环境。（8）反垄断规制。政府通过限制具有垄断性质公司的总规模和利润情况，以限制过度垄断的企业规模等。（9）环境规制。政府为实现减少污染、保障经济长期可持续发展的目的，制定保护环境标准和环保政策。

二、政府审计

（一）政府审计的含义

政府审计也称国家审计，是由审计机关实施的审计活动，审计机关属于行政机关序列，具有非营利性质，其审计活动属于行政监督的范畴。根据《中华人民共和国审计法实施条例》的定义，政府审计是指审计机关依法独立检查被审计单位的会计凭证、会计账簿、财务会计报告以及其他与财政收支、财务收支有关的资料和资产，监督财政收支、财务收支真实、合法和效益的行为。

（二）政府审计的本质

政府审计作为一种制度安排，是为满足国家治理的客观需要而产生和发展起来的，不同时代的客观需求对应着不同内涵的审计活动。例如，对于政府审计本质的认识就经历了“经济监督论”“经济控制论”“权力制约论”“民主法治论”直至“免疫系统论”的发展过程。其中，免疫系统论是现阶段对政府审计本质的最新概括与总结，其核心观点为：政府审计的产生和发展源于国家治理的需要，是国家治理大系统中的一个“免疫系统”，是国家治理的基石和推动国家治理现代化的重要保障。另外，审计特征作为审计本质的外在表现和标志，是政府审计监督区别于其他经济社会监督制度的重要依据。免疫系统论将政府审计的特征解释为法定性、独立性、专业性和全面性。

（三）政府审计的作用

政府审计在维护国家经济社会发展中的作用主要是通过审计“免疫系统”功能的充分发挥来体现的。

其一，监督作用。政府审计的基本职能是监督，监督范围涵盖了国家金融安全的方方面面。政府审计的监督行为在维护国家经济社会发展中具体体现为监测、预警、抵御、修复作用。监督作用是政府审计维护国家经济社会发展中发挥作用的基础，是核心功能，监测、预警、抵御、修复作用都是其分支功能，是监督作用有效发挥的集中体现。审计监督就是检查被审计单位在经济活动中是否按授权或既定目标履行经济责任，有无弄虚作假、违法违规、损失浪费行为，并督促其采取措施加以改进，促使其依法行政、依法管理、依法经营。在履行监督职能的同时，审计机关还可以对某些管理职能履行情况作出评价，如被审计单位经济效益的优劣、内部管理制度是否健全、有效等，并提出改进经营管理的建议。在对国家财政收支和财务收支进行审计过程中，应对真实性、合法性实施监督，以保障国有资产的安全完整，促进其保值增值。政府审计必须从国家利益出发，揭露决策失误、资源配置不安全因素，揭露经济运行过程中的隐患，抑制国内外市场力量对国家经济社会发展的危害。从经济整体或某个行业来看，当经济整体或某个产业整体处于不利境地时，政府审计必须以经济监督的姿态维护公共利益和国家利益，抑制恶性垄断、不平等竞争、市场机制恶化、经济发展不均衡等对国家经济社会发展的伤害。

其二，监测作用。政府审计机关既是国家的经济监督者，同时也是一支庞大的信息队伍，它所获取的经济信息和其他相关信息来自国民经济第一线，来自各地区、各部门、各行业和各单位，既有宏观的、中观的，也有微观的，并具有真实性、权威性和可开发利用性。对这些信息进行专业性、系统性和综合性的分析评价，可以发现经济运行的内在规律、经营效益、资本结构、资本流向、区域与区域之间和产业与产业之间的差异、普遍存在的问题以及经济发展态势等宏观方面的问题。将这些不同类别的分析研究报告提供给不同的管理层和决策机构，可以提高决策的正确性。由于部门、地方利益及个人的利益不一致性，可能出现微观数据的失真，从而导致宏观数据失真，以失真的数据来作决策就会导致决策失误，引发经济的动荡。政府审计以经济审计监督为手段，辨识各种利益驱动下的虚报、瞒报、谎报，保障基础经济信息和数据的真实性，从而为宏观决策提供真实的数据基础。政府审计通过经济监督和信息反馈，及时发现和调整偏离目标的行为，及时修正决策的失误，因而，在维护国家经济社会发展中具有强大的监测作用。通过保障经济信息质量，防止决策信息失真，从而维护国家经济社会发展。

其三，预警作用。政府审计通过对审计信息进行监测并分析整理，及时发现威胁国家经济社会发展的因素，依法行使通报或者公布审计结果权，产生威慑作用，从而达到政府审计对国家经济社会发展的预防和警示作用。政府审计作为政府综合经济监督部门，可以形成事前、事中和事后的监测管理体制。在政策制定前，政府审计可对掌握的大量审计信息和调查情况进行全面收集、汇总、整理、加工、提炼，站在维护国家经济社会发展的高度，向政府领导机关提供不同类型和层次的高质量审计综合报告、调查综合报告、经济分析报告、专题报告及审计信息等，以帮助政府作出决策。在政策执行的过程中，政府审计可以对宏观经济政策效应进行监控，提出加强和改进意见。在政策执行完成后，政府审计通过获取的全过程信息和数据可以提出维护国家经济社会发展的建设性意见与建议，为维护国家经济社会发展提供准确可靠的情报信息。应该牢固树立国家经济社会发展意识，把正常审计工作与宏观决策联系起来，提高审计影响层次；建立审计数据信息资料库，将各级审计机关在审计过程中获取的审计数据信息和有关经济信息分类数据整理储存，为经济形势分析和专业分析提供广泛的、可靠的信息资料；开发审计信息资料的分析软件，为行业、区域、专项和宏观决策、宏观调控、完善财政财务管理制度、规范部门和行业管理提供决策参考依据；建立预警指标体系，对威胁国家经济社会发展的因素建立指标，采取评级方式，按重要性程度和威胁强度进行定级，有效地发挥政府审计的预警功能。

其四，抵御作用。政府审计对审计过程中发现的有关违法违规的行为，有一定程度的处理权限，通过行使这些权限，可以有效地把对国家经济社会发展的威胁减轻到最低。可以通过审计信息预警指标体系来发现威胁，然后建立国家经济社会发展隔离系统，来暂时抵御威胁。我国区域经济发展中，西部地区在国民经济分配格局中处于劣势地位，转移支付负面效应突出，影响国家经济社会发展。因此，政府可以借助审计对区域及地方经济进行系统的分析，客观反映情况，为维护经济稳定发展提供信息支持，为保证我国国家经济社会发展提供支持。维护国家资金不被侵蚀，维护财政资金和公共性资金的安全使用、国家资产的安全运营，是政府审计在维护国家经济社会发展中的首要任务。通过政府审计，促进规范预算管理，提高财政资金使用效益，维护国家财政安全，从而减少和杜绝弄虚作假、铺张浪费、腐败现象的发生；保证国家资金不造成重大损失浪费，防止国有资产流失；维护经济运行的质量，防范和化解经济风险等，都应纳入政府审计的视野。

其五，修复作用。政府审计依据《中华人民共和国宪法》和《中华人民共和国审计法》充分履行审计监督职责，监督国家经济社会发展运行，这是其职责以及优势所在。政府审计通过事前、事中、事后的监督，可以客观地反映国民经济运行中出现的各种异动，前瞻性地反映各种倾向性、苗头性问题。在发现问题后，政府审计可以提出政策建议来实现政府审计的修复功能。通过政府审计的修复功能，及时地解决各种倾向性、苗头性问题。通过维护国家资金安全使用和经营，维护经济运行的质量，让人民了解经济是否安全、生活是否有保障，从而保障人民参与经济生活。依据国家政策法律规定，制约和监督经济权力，从经济安全的自然因素与社会因素、经济因素与非经济因素等诸多方面维护国家经济社会发展。因此，审计署一贯强调，要注意发现大案要案，坚决抵御侵害人民利益、危害经济运行安全的重大行为。也可以通过专项审计调查，对一些经济政策法规进行审计，如对市级经济开发区财税优惠政策进行绩效审计，考察政策的执行效果，及时发现存在的隐患，通过行使处理权等方式来完成修复工作。

（四）政府审计的发展路径

其一，扩大审计对象范围。加大对保险、证券、信托等行业的审计力度，加强对非银行金融机构的审计，对重点行业的安全态势进行监控；加强对宏观经济运行情况的审计，优化经济金融问题，促进宏观调控政策的落实和调整，推进制度创新；关注金融信息系统安全，保障信息安全。

其二，拓展审计内容。稳定和完善对国有控股金融机构的审计，实现由合规性监督向风险性监督的转变，关注金融机构是否积极转变自身经济发展方式以及在推动经济发展方式转变中的作用发挥情况，关注金融机构的公司治理和内部控制情况，关注金融机构在系统性风险形成及传递中的问题，关注金融机构在外汇管理制度遵循方面的情况；强化金融监管部门的再监督，关注金融监管机构在建立金融宏观审慎政策框架方面的绩效，并以经济责任审计为切入点，评价金融监管机构领导人的履职情况。另外，还应加强对地方政府过度信贷举债的风险问题的审计，防范金融风险。

其三，改进审计方式方法。综合利用金融创新的成果和技术手段，创新审计方法，开展专项审计调查，关注我国金融监管体系的健全性和有效性，重点关注涉及热钱的有关部门或事项。整合审计资源，利用社会审计和内部审计来辅助政府审计以提高政府审计质量，与金融监管机构建立协调机制，关注金融混业经营背景下的体制和机制问题。建立金融安全审计预警系统，充分发挥审计预防预警功能。

三、政府监管

（一）政府监管的含义

监管又称监管规制，是指政府对经济的干预和控制。日本学者植草益在其《微观规制经济学》中指出，监管是指依据一定的规则，对构成特定经济行为（从事生产性和服务性的经济活动）的经济主体的活动进行规范和限制的行为。由于实施规制行为的主体有私人和社会公共机构两大类，因而监管又可分为私人进行的监管（如父母约束子女）和社会公共机构进行的监管（如政府部门对市场主体行为的监管）。通常所说的监管是指后者，即公共机构实施的监管，它包括间接监管和直接监管。

政府监管更加突显了政府作为监管主体的地位。有学者认为政府监管是政府为控制企业的价格、销售和生产决策而采取的各种行为，如控制定价水平、规定产品和服务的质量标准等。这些行动是要努力制止不充分重视社会利益的私人决策，它包括政府为改变或控制企业的经营活动而颁布的规则和法律。政府监管就是对该种产业的结构及其经济绩效的主要方面的直接的政府规定，比如进入控制、价格决定、服务条件及质量的规定，以及在合理条件下服务所有客户时应尽义务的规定。政府监管是具有法律地位的、相对独立的政府监管者（机构），按照一定的法规对被监管者（主要是企业）所采取的一系列行政管理与监督行为。政府监管是由政府行政机构依据公共利益目标，通过制定规则、实施调节和控制以及惩罚等手段，对微观经济主体（主要是企业）进行的一系列规范与制约活动。

从上述关于政府监管的定义，可以看出，政府监管不仅包括政府等监管主体制定的法规、规则，还包括其对监管对象（微观经济主体）及其行为所实施的监督、管理活动，甚至包括对其作出的惩罚措施。

（二）政府监管的类别

其一，经济性监管机构与社会性监管机构。

按照监管内容，可以将其分为经济性监管机构与社会性监管机构。经济性监管机构主要是指承担经济性监管职能，使用行政许可与行政执法等手段对特定产业的市场准入以及生产经营活动进行监督和管理的组织部门，这些监管机构一般包含三大要素：制定标准、执行与裁决。设置经济性监管机构的目的在于维护市场运行秩序，改进市场经济效率。根据具体的监管内容，在经济性监管部门内部又可以分出旨在维护市场秩序的经济性监管部门与旨在稳定宏观调控的经济性监管部门两个具体类别。维护市场秩序的经济性监管部门面对的是微观市场，规制的内容主要是特定产业的准入、价格等。例如海关总署等。旨在稳定宏观调控的经济性监管部门面对的是宏观市场，主要的职能是应用宏观经济政策对市场进行间接直接的宏观调控。例如，国家发展和改革委员会、财政部、中国人民银行、国家税务总局等。社会性监管机构主要是指承担社会性监管职能，对经济活动派生的各种社会问题，尤其是安全、健康与环境等问题进行监督与管理的组织部门，设置社会性监管机构的目的在于维护社会公平与稳定。社会性监管机构不以特定产业为划分，而是针对某一领域进行跨行业的治理。例如文化和旅游部、人力资源和社会保障部、国家市场监督管理总局等。

其二，政监合一型监管机构、适度分立型监管机构、独立咨询型监管机构与独立型监管机构。

按照监管的独立程度，可以将政府监管机构分为政监合一型监管机构、适度分立型监管机构、独立咨询型监管机构、独立型监管机构四种类别。政监合一型监管机构：政监合一型监管机构是监管机构与传统行政部门合二为一，竞争规则的制定与执行职能都归属传统行政部门统一行使，只是在内部进行不同的分工。这种监管机构一般采用首长负责制，监管计划与政策由首长审批同意后方可执行。“首长”负责是这种类型的监管机构的核心特征，因此，也可以将之命名为首长—执行型监管机构。例如，交通运输部、住房和城乡建设部等。适度分立型监管机构：适度分立型监管机构对应上文的部门代理，这种监管机构具有法律赋予的很大的独立权，可以在一定范围内单独进行监管决策。但是，其终极权力仍要受到行政首长的制约，参与执行是其本质特征。因此，也可以将之命名为参与— 执行型监管机构。例如，隶属于国务院或隶属于各部委的各种监管机构，国家广播电视总局、中国民用航空局等。独立咨询型监管机构：独立咨询型监管机构带有很大的民间性，在某些国家也具有很大的官方或半官方性质，是市场经济发展到一定阶段的必然产物。例如，国家级行业协会等非政府组织，尤其是原各大部委转制而成的那部分行业协会就可以被纳入这种独立咨询型监管机构的范围，如中国机械工业联合会、中国煤炭工业协会等。由于行业协会组织不是本章的研究重点，因此独立咨询机构的监管组织形式在此处不作考虑。独立型监管机构：独立型监管机构独立于传统行政部门之外，一般采取委员制，不受行政首长的直接指挥与监督，人事、职权、经费完全独立，活动不受行政部门的影响。“独立性”是这种监管机构的显著特征，因此，也可以将之命名为独立—监管型监管机构。例如，中国的银监会、保监会、证监会具有独立型监管机构的特点。

其三，中央监管机构与地方监管机构。

按照行政层级，可以将政府监管机构划分为中央监管机构与地方监管机构两类。中央监管机构主要是指对全国范围内的市场经济主体所进行的市场活动以及相应的派生社会性问题进行监管的组织部门。地方监管机构主要是指对地方的市场经济主体所进行的市场活动及相应的派生社会性问题进行监管的组织部门。在中国，中央与地方的监管部门具有职责同构的特点。

（三）政府监管的内容

以市场失灵的内容和类型为基础，政府监管主要表现为经济性监管和社会性监管两大类。经济性监管的目的是解决不完全竞争和不完全信息的问题，社会性监管的目的是解决外部性问题。

其一，经济性监管内容。

经济性监管对垄断和信息不对称的矫正是政府监管最核心的内容。政府进行经济性监管的原因为经济垄断、自然垄断和信息不对称等问题的存在。政府对经济垄断进行监管的具体内容以垄断的各种形式为基准，主要包括对以下事项的监管：滥用市场支配地位，经营者集中，固定价格，限制商品的生产数量或者销售数量，分割销售市场或者原材料采购市场，联合抵制交易等。政府对自然垄断和信息不对称进行监管的主要内容包括：对商品价格和服务价格进行的监管，对企业进入、退出进行的监管，对企业投资行为进行的监管，对产品质量和服务质量进行的监管，对信息不对称进行的监管等。需要说明的是，价格监管、准入监管既是政府监管的内容也是政府监管的手段。

第一，价格监管。价格监管就是对商品价格和服务价格的水平与结构进行的监管，价格监管的依据是由市场失灵导致的垄断租金和信息不对称的存在。按照类别分，政府对价格进行的监管不仅包括对商品与服务价格的监管，还包括对工资、利率等要素价格的监管；按照产业特点分，价格监管包括对垄断产业的价格监管、对保护性产业的价格监管、对高风险和信息严重不对称的产业的价格监管，如保险、旅游、证券和对事业单位收费的监管等。

第二，准入监管。这里的准入监管既包括准入也包括准出。政府对市场准入进行监管的目的在于将企业纳入合法经营的轨道，防止过度竞争。对准出进行监管的目的在于保证企业承担供给责任。

第三，投资监管。投资监管是对企业的设备更新、投资扩张、企业合并等进行的监管。目的是防止因投资过多或过少引起价格波动，防止企业资金流向非法领域，防止投机行为所带来的经济泡沫。

第四，质量监管。主要是根据正式、合规产品的标准，对产品和服务的性能、水平等进行的监管。质量监管的依据在于维护公共利益，目的在于提高企业生产水平和技术水平，防止生产假冒伪劣产品等非法经营行为的产生。

第五，信息监管。信息监管主要是指通过强制披露的方式强迫企业提供有关产品或服务的成分、配料、产地、经销商、生产日期、使用说明等信息。目的在于减少经营者与消费者之间的信息不对称问题，维护消费者权益。强制披露主要包括对价格的强制披露、对产量的强制披露、对质量的强制披露、对使用安全的强制披露等内容。

其二，社会性监管内容。

社会性监管是以保障劳动者和消费者的安全健康、卫生以及保护环境和防止灾害为目的，对物品和服务的质量以及伴随着提供它们而产生的各种活动制定一定的标准，并禁止、限制特定行为的规制。经济活动会引起各种派生的负外部性问题。为解决环境污染、资源过度浪费、安全生产隐患等问题，就需要政府对企业的经济活动进行社会性监管。社会性监管的内容为确保健康、卫生，确保安全，防止公害、保护环境，确保教育、文化、福利。由于社会性监管具有很大的公益特性，因此，社会性监管内容被直接认定为“健康、安全与环境保护”。

第一，对安全生产的监管。对安全生产的监管就是政府对企业进行的有关作业与作业场的实际安全与安全隐患进行的监管。目的在于确保劳动者的生产安全与人身安全，在煤矿、石油、放射性物质等高危行业中，对安全生产的监管尤为重要。

第二，对企业排污的监管。对污染指标的监管主要是对企业生产所造成的环境破坏进行的监督与防治。内容包括规定企业的排污数量、排污方式与排污流向以及对企业的排污进行收费或罚款等。对企业污染指标进行监管的目的在于保护环境，维护代际公平。

第三，对产品安全的监管。对产品安全的监管主要是确保产品与服务的卫生与安全的过程，尤其表现在食品、药品的卫生与安全上，对产品安全进行监管的目的在于保障人民的健康。

（五）政府监管的主要手段

监管手段是保证监管有效实施的重要工具。

其一，禁止、命令、处罚。

禁止是通过制定法律、法规、政策强制性地对产品或服务的生产经营进行规定的一种监管手段。如，禁止买卖人体器官、禁止买卖毒品等。命令是监管机构针对某一特殊案例，以政策声明或强制令为形式作出监管决定的一种监管手段。处罚是监管机构对市场行为不规范的企业作出的制裁措施。处罚的具体手段包括警告，择期整改，罚款，许可的要求、取消或中止，财产的销毁、没收、封存或扣留，刑罚等。禁止、命令、处罚是最强硬的监管手段与工具，属于典型的传统强制型监管的范畴，是政府权威的坚实保障。这种监管手段的施行以法律、法规、国家机器为后盾，因此是对市场主体最有威慑力的监管措施。

其二，特许。

特许是监管机构通过授予许可权或剥夺许可权，允许潜在市场主体进入或退出某一特定产业的监管手段。许可权的物化表现形式就是各种许可证明，如许可证、特许证、登记批准证、法律豁免书等。由于市场准入是特许的典型形式，因此，特许监管又称准入监管。准入监管可以分为一般准入和特许准入两类。特许准入的方式是授予特许经营权，多适用于供应稀缺商品的行业，如自然垄断行业。特许准入的一般程序是申报、资格审查、公开竞标、听证会、准许进入。一般准入的方式就是予以登记批准，适用于除自然垄断行业外的其他行业。一般准入的程序是申报、审核、注册登记、准许进入。特许权授予的具体方式包括公共利益特许和价格竞标特许两种。公共利益特许的特许权授予原则是以公共利益目标为标准，在进行特许权分配时不考虑特许协议中所规定的价格条件，只考虑哪一个竞争者所提供的服务质量和服务水平最符合公共利益。相反，价格竞标特许的特许权授予以价格因素为首要衡量标准，包括垄断价格竞标和消费价格竞标两类。前者的授权原则在于将特许权授予出价最高的企业，后者的授权原则在于将特许权授予承诺对消费者设置最低价格的企业。特许权监管主要是对市场结构进行的控制，政府通过特许手段对市场进行监管的演绎逻辑在于：首先通过许可准入或许可退出控制潜在主体的市场进入和已获准进入的市场主体的负责任退出，其次是通过对许可期限和条件的规定与修改对已获准进入的企业进行许可延展或许可剥夺。设置特许监管的目的在于两点：一是防止自然垄断行业由于进入者过多而导致的资源浪费或资源配置低效；二是防止一般行业由于进入者过多、竞争过度而带来的产业失衡和产业膨胀。

其三，价格、费率控制。

价格、费率控制是政府进行市场干预的最重要的形式和最直接的手段，是指对获批进入市场的活动主体所生产的商品和提供的服务的价格水平和价格结构进行的监督与管理，常被用于制定电力价格，电话价格，航空、铁路、公路系统等部门的价格。价格监管的目的在于防止过度竞争引起的低价倾销和防止不完全竞争引起的垄断租金。现存的三种主要的价格监管方法是收益率方法、价格上限方法和标尺定价方法。第一，收益率方法。收益率方法就是监管机构根据企业在某个“检验年”期间的会计成本决定其投资收益的办法，换句话说，就是以企业的投资回报率为基准对企业的产品或服务进行定价的方法。按照这种方法，企业在限期内汇总其当年的营运成本、税款成本、折旧准备金等成本及税后的投资回报信息，并上报到相关政府监管部门。由政府监管部门聘请外部注册会计师进行核准或由政府监管部门自己直接核准，核准后以此为基数对企业产品和服务进行合理定价。美国多采用收益率方法进行价格监管。第二，价格上限方法。价格上限方法是指对企业的产品和服务价格设定最高上限，严禁企业定价超过规定上限的一种监管办法。价格上限方法的实质就是对企业提价幅度进行监管。价格上限方法的另一个特征是在规定期限内监管价格规则固定不变，这就极大地刺激了企业改进技术、降低成本以求得正常水平线以上的利润的动力。英国多采用价格上限的方法制定规制价格。收益率方法与价格上限方法各有优缺点。收益率方法的优点主要在于提高了企业成本信息的透明度，缺点在于无法激励企业降低成本的技术改进。价格上限方法虽然能够解决这一问题，但是由于最高限价的合理范围与水平值无法有效确定，影响了其在实际中的应用价值，可选择的改进办法是根据历史上的价格水平制定最高限价。第三，标尺定价方法。标尺定价方法的思路源于标尺竞争理论，是由施利弗、拉丰、蒂若尔等人提出并发展的。标尺定价方法就是在存在多家同类企业的自然垄断产业中，以“影子企业”的经营成本为基础，制定规制价格，实质是一种平均限价。这种定价方法能够在一定程度上促使被规制企业为降低成本、增加利润在区域间展开竞争。但是，不足在于当被规制企业之间具有很大的差异性时，由于没有可比性而导致可能的规制失效。

其四，标准控制。

从大类上看，标准主要包括产品标准与技术标准，是对产品结构、规格、技术、质量和检验方法等所作的规定。产品标准是对产品本身的特性提出的要求，技术标准是对生产程序或过程提出的要求。产品与技术标准是原材料采购、产品生产、质量检验、使用维护和洽谈商贸的基本技术依据。标准有很多种，按照不同的层次可以分为国家标准、行业标准、部门标准和企业标准等几类。其中，国家标准最具权威，政府在进行市场监管时，也以国家标准为依据。按照不同的内容，标准可以分为产品与服务质量标准、设备标准、安全生产标准、环境保护标准等。按照政府的不同干预程度，可以将标准分为项目标准和绩效标准。项目标准是指要求企业配置一定的设备来满足监管目标期望企业达到的状态，如安全排污设备。绩效标准则是一种目标导向的标准，其只要求企业达到监管所要求的目标，而对其具体的完成手段不予规定。通过制定标准对企业的生产经营活动进行限制越来越成为一个重要的监管手段。这种手段由于其前置性而常常被看成正当化的合理干预，具有相对隐蔽的监管特性，因而比较容易被接受。标准控制的监管方法在经济性监管领域和社会性监管领域均得到了广泛的使用，尤其是在社会性监管领域还没有直接有效的监管手段之时，标准控制在其中发挥了很重要的作用。如在环境污染防治、职业健康与安全等领域一般都是采用标准控制的方法对存在的问题进行规制。

其五，其他监管手段。

政府监管手段纷繁复杂，除了上述各种监管手段之外，还包括税收与补贴，信息披露，产权界定，收取排污费和环境税、发放排污许可证、允许排污权转卖，保证金退还等。下面仅以税收与补贴、信息披露和产权界定为例。

税收与补贴。政府监管部门常常使用补贴、减免税、技术和资金扶持等方式引导市场活动主体作出或不作出某项行为，以实现既定的政策目标。补贴可以是直接的，也可以是间接的。如允许企业对一部分商品或服务收取高价就是一种典型的间接补贴。税收减免可以是先付的也可以是后付的，如出口退税就是一种典型的后付减免措施。税收与补贴主要是以政府的赋税强制权为保障对市场活动主体进行的一种经济诱导式监管。另外，税收与补贴还常常被用于社会性监管领域，以环境保护为例，政府解决污染的办法在于一方面为消除污染的企业予以补贴，另一方面对污染企业予以课税。

信息披露。信息披露带有强制性的特征，是弥补市场失灵的重要工具与手段。政府监管部门迫使企业进行信息披露的一般做法是规定厂商必须依法通过产品信息标志，将有关产品或服务的原材料、成分、保质期、安全性、功效、价格、产地、生产日期、生产者等信息附在能被消费者明显看到的地方。如写在产品说明书或印刷在产品包装上，直接提供给消费者或客户。信息披露的目的在于解决由于信息不对称所带来的生产经营者与消费者之间的消费不公平问题。

产权界定。产权界定越来越多地被作为一种政府监管手段应用在金融、保险、证券等行业。主要做法在于使用产权与权利界定，为有害产品与服务对消费者所造成的人身伤害与财产损失界定产权和权利。产权界定的实质是通过建立清晰的产权制度弥补多数可以进行产权界定的市场失灵问题。

第五章　政府模式

第一节　整体性政府

一、整体性政府的含义

最早与整体性政府相关的概念是“合作政府”。合作政府是指将一些公共的、私人以及自愿组织联合起来，实现跨越组织边界进行工作以达到一个共同的目标。近年来，“合作政府”的提法逐渐淡出了人们的视野，取而代之的是“协同政府”“整体性政府”的概念。“协同政府”意味着组织的目标和手段既不相互增强也不相互冲突的政府形态，“整体性政府”则意味着手段和目标的相互增强。整体性政府是公共服务机构为了完成共同的目标而实行的跨部门协作以及为了解决某些特殊问题组成联合机构。

整体性政府是指一种通过横向和纵向协调的思想与行动以实现预期利益的政府治理模式。它包括四个方面的内容：排除相互破坏与腐蚀的政策情境；更好地联合使用稀缺资源；促使某一政策领域中不同利益主体团结协作；为公众提供无缝隙而非分离的服务。整体性政府研究最具有代表性的学者是希克斯。

二、整体性政府的组织模式

整体性政府的组织模式可以归纳为“内、外、上、下”四个维度。

“内”是指组织内部的合作，合作途径是新的组织文化、价值观念、信息管理、人员培训等，它意味着新的组织形式。

“外”是指组织之间的合作，合作途径是领导权的分享、捆绑式预算、组织的整合、项目组等，它意味着组织之间新的工作方式。

“上”是指目标的设定由上而下，以及对上的责任承担，合作途径是结果导向的目标分享、绩效评估等，它意味着新的责任和激励机制。

“下”是指以顾客需要为服务宗旨以及让服务对象介入服务过程，合作途径是“一站式服务”、顾客参与、非执行董事等，它意味着新的公共服务供给方式。

新的组织形式、新的工作方式、新的责任和激励机制、新的公共服务供给方式四者结合起来，代表了既不同于传统的官僚制又不同于市场化的新型管理趋势，形成了最佳实践的“整体性政府”组织模式。

三、整体性政府的特征

整体性政府的特征如下：（1）组织结构整合：实现从金字塔组织结构向扁平化的网络状组织结构转变。（2）信息资源的整合：形成跨部门之间以交换共享为特征的信息运行环境，打破了碎片化的分割模式下各部门相互隔离、独成一体、信息资源完全孤岛化的状况。（3）业务整合：实现以跨部门业务协同为特征的流程再造。（4）服务和提供途径的整合：实现以一体化为特征的便捷服务，形成了“一站式商店”（在一个地方提供多种行政服务）、“一站式窗口”（与特定顾客进行面对面的交往）以及网络整合等具有鲜明整合特点的一体化政府服务体系。（5）文化的整合：整体性政府主张建立融合差异的组织文化，培养牢固而统一的价值观和部门间伙伴关系，强调团队建设、责任共享、注重文化审核，鼓励通过多元化价值观、交互行为等建立起共同的文化，树立权力分享理念，建立共同的价值体系。

四、整体性政府的治理结构

其一，整体治理：整体政府宏观层面的治理整合。

希克斯指出，整体治理的挑战就是如何在政策、规制、服务供给和监督等层面上取得一致：政策层面包括政策的制定、政策内容的形成和对政策执行的监督；规制层面包括对个人、私人组织和政府内部的机构、内容和影响进行规制；服务供给层面包括服务供给的内容、组织和影响；监督层面包括对政策、规制、服务供给的评估、解释、审计和评价。在这些层面上取得一致是迈向整体治理的关键。希克斯归纳了识别和理解整体治理的层级整合、功能协调和部门整合的三个维度。层级整合由低到高依次为地方的、区域的、国家的、洲的和全球的；功能协调主要是指整合的多少，包括较少的整合和较多的整合；部门整合主要有公有部门、非营利部门和私有部门的整合。这三个维度表示三个面向的治理整合：第一个维度是对不同治理层级和同一层级的治理进行整合。这可以在地方政府内部各部门，地方政府与中央政府之间，或地方机构与区域管理机构（如欧盟总指导处等）的具体项目之间，或地方贸易标准的制定官员、国家贸易的管制者和全球贸易标准、贸易机构之间，或在全球环境保护政策制定者之间进行整合。这一个层面的整合属于政府组织间关系的整合。第二个维度是对功能内部进行协调和整合。这既可以在一些功能内部进行协调，如使海陆空三军合作，促使国防部各部门协同工作，也可以在少数功能和许多功能之间进行协调，如保健和社会保障，或城市重建所涉及的诸多部门之间。这一个层次的整合属于部门间合作。第三个维度是部门内部的整合。这可以在公共部门内部，也可以在政府部门与非营利组织之间或私人组织、控股公司之间进行整合。这一层次的整合属于新生伙伴关系的整合。

希克斯进一步以目标和手段作为基本变量，区分了几种政府的理想类型。渐进式政府与贵族式政府在政府机构的整合方面都采取消极的做法，它们的目标都是相互冲突的，因而是令人失望和无法接受的。碎片化政府是与新公共管理改革相对应的政府组织结构形态，它们的目标虽然一致，但在实现目标的手段方面缺乏共识，容易导致机构之间相互争夺势力和地盘问题，进而产生机构裂化的困境。只有协同型政府和整体性政府才是希克斯整体治理所要提倡和利用的理想政府模式。

希克斯指出，协作主要包括协同和整体性运作，协同的信息系统、机构之间的对话、协同的计划过程和决策制定等，而整合则指一种通过发展共同的组织结构、合并专业实践和干预活动等来实现执行或贯彻协作的理念。因此，整合是协作的一个更高层次。与此相对应，协同型政府是指议程、政策的组织安排的一致性和连贯性，以及组织间的协同工作，它的目标不相互冲突，手段也不相互增强。而整体性政府则是协同型政府发展的一个更高阶段，它意味着一种更加苛刻的业务，该业务由一些基于结果的术语构成明晰的、相互加强的目标，以及实现这些结果的一系列工具来完成。希克斯还从类型学视角出发，以实例分析了整体治理中协作和整合关系中相关实体间关系的类型。在协作中，实体间的关系主要有考虑、对话和协同计划三种类型。而在整合中，实体间的关系主要有协同工作、附属机构、策略性结盟、联盟、合并。

其二，网络管理：整体性政府微观层面的管理协作。

网络管理是整体治理在管理实践和操作层面的具体化，是组织间关系理论在公共管理领域微观层面的跨部门协同。通过网络管理所形成的网络化治理成为一种公共部门管理的新形态。网络类型的划分是希克斯网络管理理论的基础环节。制度因素是网络形成的一个基本动力，它对网络的作用范围进行了界定。希克斯网络划分的理论基础是新涂尔干制度主义方法，该方法既把制度看成社会结构及责任结构的连接要素，也把制度因素看作组织活动的限制和压力。希克斯借鉴新涂尔干制度主义方法的基本内容，从制度因素强化网络特征出发，把网络管理中的网络分为孤立型、等级制、个人主义和飞地型四种假定的基本理想类型。第一种假定类型是孤立型网络，具有很强的社会管制能力和很弱的社会整合能力，这种网络形式有一个圆周，但没有一个核心，或者至少没有一个代表整个网络的核心。第二种假定类型是等级制网络，是一种具有很强的社会管制能力和很强社会整合能力的网络类型，它是由各种机构所形成的一个圆周的核心和显著的边界组成的。第三种假定类型是个人主义网络，其社会管制能力和社会整合能力都很弱，这种网络结构既没有群体边界，也没有重要的机会给个体去开发各自的能力。第四种假定类型是飞地型网络，具有很弱的社会管制能力和很强的社会整合能力，它没有组织核心和圆周，取而代之的是显示出个体或多或少地系统性地位于整合边界上的一个内部模式中，各成员具有显著的不平等性，形成类似飞地般的网络结构。希克斯强调，这四种网络类型只是理想意义上的划分，在现实中许多网络形式大多是这四种中的两种、三种，甚至四种类型的混合组成形式。但理想类型的划分对分析与识别网络管理的范围及进行网络管理或治理具有重要的价值。在上述理想网络类型划分的基础上，希克斯对网络管理的内涵进行了界定，他认为网络管理是一种资源获取、配置、生产、分配、交换、合作、职位分配、计划与战略发展、集体意义建构等一系列决策制定活动。这些活动通常有意无意地影响着网络内部权力的位置、结构与规模，而不管这些权力是在个人、组织、同行之间，还是在上游供应商和下游客户之间。虽然跨组织边界进行管理与单一组织内部管理相比会带来一些特殊的挑战，但希克斯认为，网络管理所需要的技巧、概念、策略和能力大多是从单一管理系统或组织的内部管理方式中发展起来的。因此，在组织间进行网络管理的基本工具与在组织内部进行管理的基本工具是相似的。如果说存在区别，那就是在组织间的背景下，一个管理者不能行使权力或具有合法的权力去管理那些他没有被雇佣或没拥有高层执行职位的组织，而网络管理则具有这些权力。

五、整体性政府的评价

首先，整体性政府回应了全球化背景下公共治理问题渐增复杂性的现实，提出了一种通过“跨界性”合作解决问题的新思路。跨部门协同理论把跨越组织边界进行合作作为组织管理的一个基本出发点，着力解决组织内部各要素和组织机构之间的协调与整合问题。跨部门协同理论提供了多种跨界性合作形式，既可以在横向同级政府之间协同，也可以在纵向各层级政府之间协同，还可以在公私部门之间、不同政策领域之间进行协同。这种“跨界性”合作是以“协作”和“整合”作为基本工具，使权力协调、资源依赖、责任共享得到高度的统一。这与新公共管理的竞争式管理及其碎片化治理形成鲜明的对照。在竞争式管理方式提供公共产品和公共服务陷入困境的时候，希克斯的理论无疑提供了一种通过“跨界性”合作进行整合服务的新机制。因此，跨部门协同理论有效地解决了新公共管理改革所形成的碎片化治理困境，为解决复杂性公共治理问题提供了新的对策。

其次，整体性政府扬弃了传统的合作理论，使公共行政的理论研究从竞争走向合作。合作与协调的重要性在公共行政的研究中并不是一个新东西。促进政府内部横向协作的挑战是公共行政的一个永恒的主题。因此，寻求组织化的应对方式，把组织以不同的方式组合起来协同工作，不仅是公共管理的一个持续的内容，也是日常社会生活的一个中心工作。通过协调与合作达到公共管理与公共治理的目标成为公共行政研究的一个重要领域。因此，可以把希克斯的跨部门协同理论看作传统的合作理论的一种复兴，只不过其内容更加复杂，具有综合性和理论性。但是，与以竞争性为特征的新公共管理、公共选择理论相比，希克斯的跨部门协同理论给公共行政的研究提供了一种新的分析视点。

再次，整体性政府克服了新公共管理机构裂化的弊端，为公共组织创新开辟了一个新方向。新公共管理改革通过流程再造，在摈弃官僚制僵化的等级式组织结构弊端的同时，又走向了另一个反面，建立了大量独立化、分散化的公共服务执行结构，导致政府机构趋向裂化，产生了“职能悬浮”和“政府空心化”的危机，使新公共管理改革在政府组织结构创新中陷入困境。整体性政府理论对新公共管理组织结构的困境进行了弥补和修正，提出了整体性运作的组织结构，为后新公共管理时代组织结构的创新指明了方向，即采用跨界性、协作性和聚合性为特征的新型组织结构取代新公共管理分散化、独立化和多样化的组织结构。

最后，整体性政府开辟了一种社会学的研究途径，推动了公共行政的知识增长。从主流的公共行政研究看，国外公共行政学主要有管理、政治和法律三种研究途径。希克斯的整体政府理论以社会学的结构功能主义方法为基础，研究政府组织内部机构的整合，以及公私组织之间的协同与整合机制。整体性政府以伙伴关系及各种协同方式为基本工具，跨越组织（机构）边界，建立了一种整体的、均衡的、自我调解和相互支持的组织管理系统，开辟了一种运用结构与系统方法研究公共行政问题的社会学研究途径。这与传统官僚制的内部取向组织设计和新公共管理的外部取向组织设计相比，整体性政府理论实现了组织管理的内外部结合，其公共服务的范围既关注政府组织的内部，也突出政府组织的外部，使公共行政的研究视野、研究主题、研究领域得到了重大的深化和扩展，从而推动了公共行政的知识增长，形成了一个更为广泛、更加综合的知识结构体系。

总之，希克斯的整体性政府理论对我们引进、吸收和消化国外行政学理论提供了更广泛、更坚实的理论基础和开阔的研究视野，并提供了新型的研究方法。这对我国公共行政领域的知识创新和行政学学科的发展，以及当前的大部制改革和服务型政府建设而言，无疑具有重大的借鉴与参考价值。

第二节　企业型政府

20世纪后半叶，人类社会从工业时代向信息时代转变。全球化规定了国家政治的限度。国家原有的坚固疆界逐渐变得没有意义，并且导致不断变化的生活模式的趋同。政府原本控制和管理的经济与社会变得越来越难以控制与管理，国际问题渗透到各国社会经济问题的各个方面，各国都有提高国际竞争力的现实压力，工商经验的再传播，让群众意识到服务的提供可以有更好的办法，在国际因素和现实压力的推动下，企业型政府模式产生。同时，各国政府职能的扩张导致的财政、管理和信任危机成为各国推进行政体制改革，建立企业型政府的直接动因。政府的合法性与公信力下降，政府随意干涉市场、管制企业家意味着社会的退步，导致了人民的贫困。在国际社会的影响和国内政府的双重推动下，企业型政府开始发展。

一、企业型政府的含义

“企业型政府”作为一个最早较为完整的概念，由美国学者奥斯本和盖布勒于20世纪90年代在《改革政府：企业家精神如何改革着公共部门》一书中提出，其主旨是运用企业家精神对政府的传统运作体制进行改造，以克服严重的官僚主义倾向。企业型政府是一种旨在运用企业管理精髓来对政府进行重新塑造的政府管理理念。

所谓企业型政府是指政府部门由一群富有“企业家精神”的公共管理者组成，他们能够运用各种创新的策略，使原本僵化的官僚体制恢复活力，并有效运用资源提高政府的效率。企业型政府是一种区别于官僚制政府、具有企业顾客至上、成本意识和创新动力理念的政府。其核心特质在于创新，在于为“顾客”（公众）服务，在于追求成本效率。企业型政府以效率为核心，是把公共利益仅仅作为副产品，忽视了政府的公共利益目标。公共管理有效率是远远不够的。当政府体制及运作过程具有创新、公众导向、成本意识时，就会引发革新的理念，当此理念转化为具体的方案设计，并付诸实践时，便构成了企业型政府的基本雏形。

二、企业型政府的特征

运用企业家精神、企业理念影响和引导政府改革成为20世纪90年代以来欧美国家政府重塑的重要趋势，引起了各国学者和政府官员的高度关注。经济学家熊彼特指出，现代企业家是管理者，其管理活动的核心是创新，只有对经济环境作出创造性反应并推进生产增长的管理者才有资格被称为企业家。制度经济学把企业家看作企业运行的最佳指挥者，企业家有权根据组织环境的变化选择自己的组织和实施制度创新。

由此可见，企业家的基本特征是不断追求创新，以实现组织效率和效能的最大化，因而企业的基本经营理念是：强调对稀缺资源的有效配置和利用；对经营绩效的终极关注；经营管理以顾客为中心；注重成本效益分析；员工激励是企业管理核心；创新是企业生存和发展的基本法则。

具体而言，企业型政府的基本特征有以下几个方面。

其一，政府应当掌舵而不是划桨，能够发挥领航的功能，是起催化作用的政府。企业型政府应该转向一种把政策制定（掌舵）同服务提供（划桨）分开的体制，政府的行政专家不必事必躬亲，而要善于授权，鼓励公众、社区参与管理，鼓励民众关心并参与公共事务，培养他们参政议政和管理公共事务的能力，造就具有高度自助能力的民众。

其二，建立竞争性政府，为市场而竞争，通过租赁权或特许权创造一种竞争环境，企业为获得为整个市场提供服务的权力展开斗争。注重市场机制调节的作用，而非仅靠行政指令控制，树立以市场为导向的管理理念，坚信政府的管理是以市场为依托，以达到组织市场和规范市场的目的。

其三，建立有使命感的政府，改变照章办事的组织，注重目标使命而非繁文缛节，以目标和任务为导向，建立新的责任机制和使命文化，并根据目标和任务制定必要的规章和预算。受顾客驱使的政府，具备“顾客意识”，满足顾客的需要，而不是官僚政治的需要。有事业心的政府，有收益而不浪费，应学会集资赚钱，它主张以花钱来省钱，为回报而投资。

其四，讲求效果的政府，按效果而不是按投入拨款，注重产出而非投入，以结果为本，对政府各部门业绩的衡量重在结果而非投入项目的多少。

其五，有预见性的政府，注重预防而不是治疗，能够进行长远规划，对将来可能发生的问题，事先制定对策，做到防患于未然。

其六，分权的政府，注重参与协作的分权模式而非层级节制的集权模式，即应削平复杂的层级组织模式，将集权式的管理下放，实现扁平化的组织结构，突出参与管理，分散公共权力，以便调动各方面的积极性和创造力。

三、企业型政府的行政伦理局限

企业型政府理论风靡欧美之时，同时也遭受到来自学术界的猛烈抨击。美国怀俄明大学劳伦斯·哈伯尔教授和理查德·格林就认为，企业型政府是对美国政府及其治理模式的偏离，忽视了美国政府中的制度与分权的约束作用，有可能破坏立法、行政和司法三者之间复杂的权力平衡，引发一些基本的政治问题。

掌舵而不是划桨、充分授权等观点的理性基础是“有限理性”，这种特质使企业型政府理论重视公众与社会组织的价值，塑造了政府与公众之间的全新伦理关系。其管理理念与方法的立足点是公共服务参与者的自利动机，具有经济人理性特质，在建构合理动力机制的同时，也带来政府公共精神丧失等伦理风险。顾客取向和质量优先意味着与传统价值追求的决裂，意味着新的游戏规则。在这一行政伦理中，质量不再是需要兼顾的因素，而是管理者的核心工作。

企业型政府理论将公众称作“顾客”，是为了阐明其改造官僚制政府的弊端的一种工具意义上的描述。客观地说，任何隐喻都有不够妥当和周延之处，不可能全面概括本体的全部特质，将公众比作顾客也会引起很多理论上的偏差。公共服务中的“提供者/消费者”比市场中的“提供者/消费者”存在着更为复杂的交易。公共服务的消费者不仅是“消费者”，他们更重要的是公众。

公众是社会契约的一部分，顾客是市场契约的一部分。公众位居顾客之上。新公共管理理论完全颠倒了两者之间的关系。公众身份一个重要方面在于能够整合自我的多个方面去超越个体存在，在协商的过程中，个体增强了对他人利益和需要的理解，并将这种理解内化，从而以一种更广泛、更包容的观点看待公共利益。在政治社会生活中，与市场的顾客不一样，政府的顾客所掌握的政治资源差距很大，依照市场机制进行运作，会造成公共部门的管理者依照其不同的价值，对不同的顾客采取不同的对待方式，甚至可能抛弃那些对其相对无价值的顾客。将公众比喻为顾客将会产生分配上的重大难题，还会产生如何限制权力集团、保护处于不利地位的少数人或个人权利等问题。合同出租是市场导向的主要原则，它有利于提高效率与效益，但却缩小了公共责任的范围，也妨碍了公共管理与民众的联系与沟通。

第三节 学习型政府

学习型政府，又称政府规模化学习或公共部门组织化学习。学习型政府是以学习型组织理论为理论渊源，是对学习型组织理论的进一步发展和延伸。保罗·朗格朗在联合国教科文组织上提出的“终身教育”提案被国际公认为学习型组织思想的起源。罗伯特·哈钦斯的《学习型社会》一书进入人们的视线，学界开始关注并着力研究学习型社会。而真正标志着学习型组织理论形成是彼得·圣吉在秉承前面学者研究思想的基础上，结合企业实证调查撰写的《第五项修炼：学习型组织的艺术与实践》。他认为，学习型组织应具备建立共同愿景、团队学习、改变心智模式、自我超越和系统思考这五项修炼。

作为一种价值选择，一种政府组织形态，一种政府过程，学习型政府组织不是一个终结的概念，而是一个不断进取、与时俱进的概念，是一个使政府组织始终与外部环境的变革持续同步地进行，并使其公务员有效地将学习行为转化为创造性行为的创新思维的工作模式。建设学习型政府是为了提升政府效率，进而为公众提供更好的公共服务。

一、学习型政府的含义

学习型政府是一个全新的理念，是对传统行政管理模式和管理方法的重新定位和调整。学习型政府是运用政府生态学的方法论，以学习型组织的基本理念作为理论根基，实现革新传统政府体系的组织结构、运转机制、责任机制、权力结构以及组织文化等的转型，使政府成为自由、开放、便于信息交流和知识传播的共享学习成果的系统，它能有效地将学习行为转化为创造性行为，从而大幅度提高政府工作的效率、效能和政府工作的社会满意度。

总之，学习型政府是指通过建立完备的学习机制，营造良好的学习氛围而形成的，善于获取知识、传播知识、创新知识，进而自觉利用知识于行政中，最终以提升行政管理效能为目的的政府组织。

二、学习型政府的特征

学习型组织的精髓就是融合五项修炼技术，促使组织不断创新。由于政府组织在社会生活中所处的地位及具有的功能都比较特殊，因此决定了学习型政府具有鲜明的特征。

第一，学习型政府强调政府学习的系统效应。政府学习必须强调学习的整体最优效果。尽管政府组织是由个体构成的，个体学习是政府组织学习重要的前提和基础，但是，政府组织不是个体的简单相加，政府组织学习也不是个体学习的简单累加。政府学习必须是以个体学习、全员学习为基础，对学习过程和学习内容进行有机整合，以形成政府学习效果的整体最优效应。

第二，学习型政府强调政府学习的持续性。政府学习不是一种权宜之计，而是一个制度化了的持续的过程。这个过程要求全员学习、终身学习、持续学习。21 世纪，由于科学技术的迅猛发展，导致知识和信息爆炸式地增长，人类社会开始进入一个“学习社会化、社会学习化”的时代。知识和信息所具有的时效性、增长和扩充的无限性特点，决定了政府组织及其成员只有树立持续学习、终身学习的观念，才能不断更新知识结构，更新思想观念，以适应时代发展的要求。

第三，学习型政府强调政府学习的实效性和目的性。一方面政府学习要求全体成员都能在持续的学习中突破自己的能力上限，培养出全新的、长远的、开阔的思维视野。另一方面政府要通过多种多样的学习途径和方式，不断地获取知识，在政府内传播知识，并创造出新知识，以增强政府自身能力，带来行政管理水平的提高和行政管理绩效的改善。

第四，学习型政府强调政府学习的开放性。政府系统只是社会大系统中的子系统，政府系统与外界环境之间存在着物质、信息、能量的交换关系，只有这种交换关系能够顺畅地进行，并实现交换关系的平衡，政府才能适应环境，得以生存发展。政府学习是实现政府系统与外界环境交换关系平衡的重要手段，因此政府应该是一个建立多元回馈的、开放性的学习系统，既要善于从外部学习和吸收新思想、新观念、新知识、新信息以提升政府管理能力，又要善于把政府内创新的知识、信息、思想观念有效地传播和推广到社会生活的方方面面，以引导社会、改造社会并促进社会发展。

第五，学习型政府强调政府学习的保障性。政府要形成制度化的、持续的学习过程，如果没有健全的保障机制是不可能的。这些保障机制包括对政府工作人员的创新见解予以奖励的制度，政府工作人员之间交流的机制，促进学习的激励机制，养成学习习惯的文化氛围等。

第六，学习型政府强调政府学习与政府工作的良性互动。政府学习应该成为政府工作的一种方式，就像个体学习可以成为每个人的一种生活方式一样，学习已经化为个人生活的组成部分，离开它生活就失去色彩和丰富的内涵。学习也应当成为政府工作的必要组成部分，既要使学习工作化，这样可以为政府不断创新发展提供不竭的知识资源和动力，也要实现工作学习化，这样可以使工作人员逐渐体验出学习的乐趣，领悟出生命的意义。

三、学习型政府的主要内容

学习型政府要真正为自身建设一种能充分满足其成员终身学习的多样化需求的机制，它必须重视多种激励形式，自上而下地建立各种各样、行之有效的绩效考核系统，形成共享互动的心理氛围，使其成员不断实现知识、能力、观念和情感基于人本身的有机内化，加速人的潜能的不断积累和社会价值的不断提升。由此可以得知，学习型政府不是一个空泛的口号和概念，而是具有实质内容。

第一，学习理念和文化。拥有终生学习的理念和机制，形成多元回馈和开放的学习系统，开辟各种学习途径，形成共享互动、沟通的组织学习文化，具有实现共同愿望的不断增长的学习力，时学时新，工作学习化，学习工作化，激发出组织成员的潜能并提升人生价值，使组织不断创新发展，不断提升组织应变能力。

第二，共同目标。所谓共同目标就是将纷繁的个人愿望与奋斗目标整合为政府的共同愿望，也就是将全体公务员凝聚在一起，激发个体的积极性、主动性、创造性和追求卓越的本性，最终形成维持政府强大生命力的源泉。政府服务质量的好坏与个体的成功息息相关，是个体成功的重要条件，因此，必须形成个体价值目标与政府价值目标理性融合的政府文化，这种文化可以凝聚政府机构上下的意志力，透过组织共识，使大家努力的方向一致，个人也乐于为政府目标奉献和奋斗，从而能把不同个性的人凝聚起来朝着组织的共同目标前进。

第三，创造性团队。在学习型政府组织中，团队是最基本的学习单位，也是最具创造力的单位。组织由多个团队构成，组织的所有目标都是直接或间接通过团队作战达到的，而且，政府组织的学习能力是由这些团队整合而成的。团队学习通过集体思考和分析，找出个人弱点，作出正确的组织决策，从而强化团队向心力。团队学习要求政府组织的决策层、管理层、操作层都要全心投入学习，尤其是管理决策层，因为他们是决定政府依法行政和保持政府服务质量的重要阶层，更需要学习。必须把学习贯穿于政府组织系统运行的整个过程之中，边学习边准备、边学习边计划、边学习边推行，使政府组织的任何一个行政过程都成为学习密不可分的过程。

第四，去扁平化的组织结构。以制度性的对话、知识和技能作为权力的来源，彼此相互学习，重视决策的参与和组织的参与，通过网络式的沟通与连接，实现信息资源共享。

第五，自主管理的运行机制。自主管理体现公务员对自身价值的认可，同时也是对责任的认可，它是组织成员边工作边学习并使工作和学习紧密结合的好方法。通过自主管理，组织成员自己发现工作中的问题，自己分析原因，在不违背国家的政策和法律法规前提下，自己解决存在的问题。在自主管理的过程中，政府组成人员能形成共同愿望及奋斗目标，能以开放求实的心态互相切磋，取长补短，不断学习新知识，不断开拓创新，从而增加组织快速应变、创造未来的能量。

第六，平衡家庭与事业冲突的激励机制。公务员既作为组织成员的角色参与工作学习，同时还作为社会中的家庭成员角色而生活，现实中不可避免会出现冲突，使公务员陷入两难的困境。学习型政府组织要努力使公务员丰富的家庭生活与充实的工作生活相得益彰。学习型政府组织要建立务实的激励机制，寻求平衡二者冲突的支点。组织承诺充分支持公务员的自我发展，公务员承诺对政府组织的发展尽心尽力。这样，个人与组织之间、工作与家庭的冲突大大减少，最终达到家庭与事业的平衡。

第七，合理的政府组织边界。学习型政府组织的界定，是建立在组织要素与外部环境要素互动关系的基础之上的，因此，它会超越根据职能或部门划分的传统的“法定”边界，从而形成一种外表似乎较为松散，其实更有效率的组织。

第八，肩负新使命的领导者。在学习型政府组织中，领导者是设计师、公仆和教师的结合体。领导者的设计工作是一个整合组织要素的过程。它不仅设计组织的结构，制定政府组织的策略，更重要的是提供组织发展的基本理论。领导者的公仆角色表现在他对实现组织目标的使命感和责任心，他能够自觉地回应组织目标的召唤。领导者身为教师的首要任务是把握实际情况，协助人们正确和深刻地认识现实，提高他们对组织系统的理解能力，促进每个人的学习。领导者思路清晰并颇具说服力，以他们深深的奉献精神和不断学习的开放胸怀为组织注入一股信念一起努力，学习所需，达成目标。

第九，学习环境。学习环境最能够展现学习型政府的特色，这一学习环境具有极大的开放度，是一种具有弹性、回应能力的组织氛围，视大众为顾客，以服务为导向，接受来自顾客的批评，并及时通过学习加以改进。这种环境没有确定的边界，学习型政府成员在这里工作、学习和生活，最终形成终身学习的文化形态。

四、学习型政府的实现路径

彼得·圣吉之所以推动学习型组织构建，是希望通过这一行动使组织产生根本改变。这种根本改变不只是做些与以往不同的事，而是要通过学习发展新能力，不只是改变策略、结构、系统，而是在改变形成策略、结构、系统的思维。这种改变同时还结合了人们的价值、渴望、行为等内在的改变，以及策略、结构、系统等外在的改变。

其一，树立终身学习的新思维。公务员作为政府组织最基本也是最重要的成员，面对今天开放的社会，同样面临着巨大的压力，为此要改变过去那种认为学历就是终点的观念，认识到学历学习只是学习的一种阶段性象征，文凭会随着知识的快速折旧而贬值，只有从单一的学校学习走向终身学习，从学校学习走向更广泛的空间学习，不仅学习知识和技能，而且要学会认知、学会做事、学会共处和学会共存，将学习作为生活的核心内容，进入自由的澄明境界，才能不断提高能力和技能，不断自我开发、自我革新，提高竞争力，也才能创造出更大的成绩，从而获得成就感，实现人生价值。而作为政府，如果不具备学习的能力，不武装、培训公务员的学习力和对知识的更新能力，再强大的组织也将被淘汰。组织的每一项进步都是通过从个人学习到组织学习实现的，未来真正有竞争力的政府组织是那些善于学习的政府，善于进行结构化培训其公务员的政府组织，因为学习是组织生命力的源泉和组织的固有职能，更是组织保持活力的灵丹圣药。终身学习理念作为构建学习型政府的第一步，能促使公务员和政府转变观念，内化公务员及政府的自觉行为，使政府组织真正做到工作学习化，学习工作化，并为政府实现共同价值观和共同愿景始终保持极强的应变能力。

其二，创建组织的共同愿景。组织的共同愿景是组织中所有成员共同发自内心的愿景。这种愿景不一定包含具体的行动实施方案或行动策略，但它必须是具体的，能够通过努力在未来得到实现的。而且这种愿景还是全体人员发自内心的愿望或意愿，能够激发员工为了组织而牺牲自己个人的某些利益和目的，代表了他们共同想要创造的结果。它将创造出众人一体的感觉，并遍布到组织全部的活动中，使各种不同的活动融汇起来，从而在组织中创造出巨大的凝聚力。在创建学习型政府过程中，必须持续不断地鼓励或培训政府组织中的每一个公务员努力发展其个人愿景。倘若公务员个人没有自己的愿景，其所能做的就仅仅是附和、顺从别人的愿景。而且还由于它决不是发自个人内心的意愿，个人也就不会为其作出任何努力，行动上只会应付、敷衍和推卸责任。只有确立了个人愿景，甚至将愿景强化为一种信仰、宗旨的人，对于愿景才会作出不懈的努力。同时，真正的愿景还必须将根植于个人价值观的愿景凝结于政府价值观和政府精神的关切与热望中。因此在创建学习型政府时，就要求每个公务员不仅要创建个人的愿景，还要通过个人愿景的汇总，形成一种政府精神，形成政府组织的共同愿景。而作为领导者则要学会聆听他人，特别是组织下层公务员的合理化建议，同时尽可能根据民众需求的变化调整组织行为，改进原有的从高层开始的做法，从告知、协商等多角度来实现组织的共同愿景。

其三，营造政府学习新文化的氛围。现代人不仅具有文化内涵，而且还是具有不断追求自我超越和自身价值的人，因此要构建学习型政府就必须从尊重人、关心人，提高人的文化素质，重视人的学习能力和学习价值，尊重人的独立人格入手。因为只有在一种全面的人与人之间的信任与平等中，人才能充分发挥自己的才智、潜能和创造性。要建立一种开放的文化，保持组织的开放氛围和沟通的畅通是管理的基本要求，同样，政府作为一个有机体，也只有不断地与外界进行交流和合作才能不断发展。政府部门越具备开放性，就越能吸收外界的信息、知识和变化，也越能知道自己的不足和缺陷。组织成员在开放的文化下，才能够坦诚、公开、自由地说出想法，更多地参与决策才能够认真倾听他人的看法，公正地评价别人的主张也才能够通过探讨，取长补短，积极改进个人和组织的行为。强调建立一种自主性文化，也就是强调人的自主管理、自我创新。学习型组织认为，自主管理能使组织成员边工作边学习，是使工作与学习紧密结合的好办法。团队成员在自主管理的过程中，将以开放的心态互相切磋，不断学习新知识、不断创造新知识，从而增加组织快速应变取胜、创造未来的能量。要培养容忍文化，既要容忍错误的存在，又要容忍个性的差异。因为失败是难免的，问题是如何从经验和教训中进行学习，以免下次再犯同样的错误。在我们进行社会主义建设过程中，面对的都是从未出现过的问题，这不仅需要公务员积极地探索未知的领域，而且还要勇于创新，这时宽容的文化就很必要了。当然这种宽容应以公务员的责任为前提条件。培养合作的文化。社会是复杂多变的，个人往往难以凭借一个人的力量来解决问题，需要以合作的方式进行。在合作的文化下，公务员之间建立起紧密的联系，彼此视对方为工作和学习伙伴，共同面对和解决遇到的各种难题，并通过对知识的交流和共享，使自己的知识和能力得到提升和扩展，也使整个政府的执政能力得到提高。构建信任的文化。信任的文化对组织学习产生的影响是重大的。如果上级和下级之间缺乏信任，上级就不能得到下级的支持，无法得到下级在工作中反馈的真实信息，下级也会感到不安全，从而采取防卫的姿态，这时组织学习就会受到阻碍。如果员工之间缺乏信任，他们在相互交往时，就会对与自身利益相关的信息进行阻截和保密，这将不利于团队的共同学习和对知识的共享。

其四，构建扁平化的行政结构。在传统权力型组织中，其组织权力来源于职位和地位，组织对信息的管理同时也意味着权力的膨胀。因此政府组织中握有权力的人员能凭借其掌握的私有信息对上层的决策和下级绩效的评价产生影响，并且通过单边合约，形成共谋，共同操纵传递给上层管理者的信息，从而产生严重的阻碍效应，而且层级越高，其拥有的独占信息量就越大，形成人为的高度信息不对称状态也就越严重。这往往造成组织内部各层级之间，组织外部与组织之间难以协调的相互冲突。要协调这种冲突，就必须对权力进行下放。权力的下放为员工自我管理、自我实现提供了潜力释放的空间，使他们能够摆脱权力的桎梏，发挥出能动性和创造性。传统的组织结构由于层次过多、人员繁杂，机构臃肿，在知识经济的冲击下，已显现出不利于组织内部信息流动、增大组织沟通和协调成本的弊病。而信息技术的广泛应用却使得层级压缩成为可能，因此政府机构要实现组织结构扁平化，可通过两种途径来实现：一种是从减少管理层次入手，减少中间管理职能部门和相应机构的设置，裁减多余人员；另一种方法是适当放宽组织的管理跨度，合并相近或相似部门，减少不必要部门的设置，从提高管理人员的综合管理能力入手，可充分使用计算机来承担大量、繁琐和简单的工作事务，将公务员从繁琐工作中解脱出来，把精力用于更主要的决策事务上，同时也通过学习和培训，提高公务员知识水准，提高解决问题和处理事务的能力。通过学习型政府的构建，使公务员的知识水平和综合管理能力得到显著提高，又在先进的科学技术的支持下，通过合理设置部门和机构，合理安排人员的职能和职责情况下，才能取得成效。构建扁平化组织结构还涉及组织规范化问题。因此传统官僚型组织为达到高效率运行的目标，总是制定了繁文缛节般的规章制度，包括各种工作程序和政策手册等。而学习型政府则更强调公务员的认知能力、反应能力和处理事务的能力，也更强调创新能力，这常常会和固有的规章制度相违背，对此作为政府，既需要从全局规范法律和法规，也需要给公务员一定的权限，使公务员能在法律法规的约束下充分发挥他们的认识力和创造力。传统政府组织是根据职能或部门划分的，而知识经济时代，网络化的出现，已打破传统的“法定”边界，使得组织边界越来越模糊和淡化，也使得政府职能和组织结构发生变化，这也使得学习型政府组织会超越根据职能或部门划分的传统的、明确的“法定”边界，从而形成一种外表较为松散，其实更有效率的组织。

其五，提高政府的学习能力。一个人对学习的投入及其学习能力是学习型组织的基本要素。而根据系统认知论的观点，个人的理性是由其知识存量与知识结构决定的，要突破有限理性的制约，就必须改变个人的知识存量与知识结构，因此，通过自我学习、培训与观察等途径获得和增加知识存量的个人学习是必不可少的。在现代组织中，团队已变得越来越重要，组织中很多重要决定都是直接或间接通过团队作出并进一步付诸行动的。因为团队不仅强调个人的自我学习以及创造力和思想的自由流动，要求成员从自己的经验和过去的历史中学习，积极试验新的方法，还强调组织成员通过共同分析复杂问题，采取创造性的行动来解决问题，从而进行共同学习和知识创造。学习型组织理论不仅强调个人学习、团队学习，还尤其强调组织学习，因为组织学习是全面提升组织应变能力和竞争力的解决之道。因此，提高政府学习能力，必须系统地学习分析问题和解决问题。运用科学的方法收集数据，系统、全面分析问题产生的原因，从中把握不同因素之间的联系，力求透过事物的表象揭示事物深层次的原因和各种可能的结果。从自己过去的经验中学习也是一种经济有效的学习方式，它可以审视组织过去的成败得失，对其作出系统、客观的评价，并可让员工铭记教训，从而达到有效学习的目的。向同行学习：向同行学习的形式很多，比如参观观摩、参加经验交流或研讨会、学习沙龙、对话会、信息通报会、标杆战略，等等，都可以有效传递信息、启发思维、增进感情、促进和提高相互理解。向顾客学习：在构建学习型政府过程中，我们还要鼓励政府各部门向顾客学习，这也就意味着政府必须将政务公开，扩大与公众的联系，让公众积极参与建言献策。建立灵活迅速的顾客抱怨处理机制和顾客回应系统，提高顾客的参与程度，满足顾客的求知需求、交往需求、尊重需求和表现需求，更好地改善公共产品和服务。

第四节　协同型政府

新公共管理运动掀起了政府改革的热潮，随之也带来分工过细等新的问题，为解决这类问题，对政府的要求也发生了变化，治理理论的发展推动了协同型政府的产生。

一、协同型政府产生的背景

经济全球化使得政府应对的风险增加。从宏观角度来说，经济全球化的发展趋势致使行政环境具有不确定性，不稳定的行政环境增加了政府处理问题的复杂性。信息技术的到来为公众参政提供了技术手段。从技术角度来说，数字时代的到来改变了人类参与公共生活的方式，为多途径、全方位、网络化、双向互动的参与方式提供了技术支持。公众增强了参政意识。从社会发展的过程来看，社会的发展促使公众参政意识增强，不再满足政府作为单一的治理主体，公众在公共事务治理中的话语权增加，非政府组织也逐渐参与到社会治理中。治理理论的发展对政府提出新的要求。罗西瑙、罗茨、威格里·斯托克等治理理论的学者推动了治理理论的发展。治理理论强调治理不是一套规则，不是一种活动，而是一种过程；治理的建立不是以支配为基础，而是以调和为基础；治理同时涉及公、私部门；治理并不意味着一种正式制度，而确实有赖于持续的相互作用。

国外政府在现实环境中的表现。随着行政环境对政府的要求增加，官僚制曾经专业化的分工不再占有优势，在组织结构和治理机制上均暴露出一定的问题。组织结构上，横向分工过细造成各个部门之间的沟通和协调费时费力，效率低下；纵向上严格的等级制度，上下级只是命令与服从关系，制约了下属处理问题的灵活性。治理机制上，政府是单一的治理主体，不利于决策的科学性。欧美国家倡导的企业型政府的"顾客导向"，强调政府职能的社会化、市场化和分权化，在经济效率提高的同时提升政府绩效和能力，但是分权化和竞争性举措导致治理主体间各自为政和利益分割，追求公众权利、公共利益、社会责任等多元价值。以效益作为工作的标准与管理责任之间存在着冲突。

协同型政府兴起的标志。在英国，布莱尔上台后提出的协同型政府是公共部门改革的核心部分。协同型政府是新工党的重要创意之一，其范围从内阁层面延伸到诸如社会部门和绩效与创新部门等新组织，并通过以地区为基础的举措扩展到每一个社会政策部门，如卫生、教育和就业，并包括来自各个部门的管理人，公共部门、私营部门和政府人员，其主要措施通过确保政策制定更加协同，从而使得社会和公共政策可以更"包容和整合"。

二、协同型政府的含义

对协同型政府的理解需从理念的角度即协同治理理论着手，协同治理是政府与企业、社会组织以及公众等利益相关者，为解决共同的社会问题，以增进公共利益为目的，采取比较正式且适当的方式互动和决策，并分别对结果承担相应责任的过程。协同治理是由一个或多个公共机构、非政府的利益相关者参与的集体决策过程，且是正式的、以协商一致为导向的，旨在对公共政策、公共项目和资产管理进行审议和执行。整体而言，协同治理是利益相关者在某种约束下针对某种目的作出行动的过程。

从治理主体和治理范围的角度来看，协同治理是指政府部门和经济组织、社会组织以及社会公众等多元合法治理主体以既存的法律法规为共同行为规范，通过相互配合与协同，有效汇聚各种力量，实现公共利益最大化的过程。协同治理是走出政府管理政策冲突困境的新思路和新路径，强调“公共事务公共治理”，主张政府、社会组织、企业、公众等多元主体共同参与到政策实践中，可以发挥不同的作用，分担区域公共治理的责任，有助于实现国家与社会良性互动，形成政府主导、社会协同的治理新格局。

协同治理的理解需从协同论出发，首先，理解协同的概念。协同是指为了实现共同的目标，两个或两个以上的主体各自发挥自己的优势，通过建立长期的合作伙伴关系，并综合运用各种工具和手段，放大合作整体功效的过程。其次，需明确参与治理的问题、针对的问题、需要达成的目的、主体间关系的界定，即协同治理是针对特定复杂的公共事务问题，政府组织、社会组织、企业及公众等多元主体各自发挥自身优势，通过建立正式的、跨部门的协同合作关系，实现复杂公共事务有效治理的一种制度安排。

协同型政府是在公共事务治理过程中，政府（部门）与其他主体（包括其他部门和其他组织）协同行动，形成井然有序、相互促进的治理结构，并能实现资源最优化利用与公共利益最大化实现的政府。因此，可将协同型政府概述为：政府在公共事务治理过程中，针对特定的问题，如碎片化等，与其他主体（社会、市场、企业等）之间协同行动而形成的一种动态的有序的治理过程。

三、协同型政府的主要特征

协同型政府的主要特征表现在以下几个方面。

第一，侧重协同型政府组织结构上的要求。协同型政府的概念主要是从横向一体化的需求来解释的，这些服务传统上是通过独立部门、专业分工和封闭的组织结构提供的。协同型政府的四个层面：第一个是每个组织的内部层面，包括组织内部的文化、价值观、信息管理以及培训等；第二个是组织间的互动，包括共同分享的领导方式、分享的预算、组织结构的融合以及共同的团队；第三个是传递公共服务中的互动，包括共同对顾客的服务咨询或者提供“一站式”服务；第四个是关于目标设置以及责任分担，包括公共服务协议、绩效管理以及共同的规制。现实中的“协同政府”理念具有多种表现形式，不仅体现在中央政府部门之间、中央政府与地方政府之间，还体现在政府与私有部门、志愿性机构、第三方机构以及代理机构之间。

第二，强调协同型政府基于信任的协同关系。协同型政府基于伙伴的双向关系能够实现横向的协调。即协同型政府是一个包含实现纵向和横向协同思考和行动的术语。强调协同型政府是基于信任的全面合作，核心目的是整合相互独立的各种组织以实现政府所追求的共同目标。公共政策目标的实现既不能靠相互隔离的政府部门，也不能依靠设立新的“超级部门”，唯一可行的办法是围绕特定的政府目标，在不取消部门边界的前提下实行跨部门合作。从治理主体出发强调了协同型政府的合作是基于信任的包括公私部门之间、政府与非政府之间、政府部门之间、中央与地方之间等的全面合作。协同型政府是一个全面性的概念，主要是指联合不同组织共同合作的各种方法，目的是更好地实现政府目标，更好地协调政府部门之间、政府部门与非政府部门之间的合作。

第三，基于协同型政府的工具性视角，即将其作为一种解决问题的措施或手段。协同型政府作为解决持续的“恶性”社会公共问题的手段，其目标是通过消除紧张和矛盾性来提高政策的有效性，更有效地利用资源，改善合作，为公众提供更多综合服务。协同型政府通过建立伙伴关系能够避免争执冲突，双方的合作精神导致价值冲突的转移，从而分而治之。一般意义上的“协同型政府”指的是，直接针对管理“碎片化”问题，打破传统上的组织界限，提高跨部门合作质量，以实行更为整体化的行政行为或提供公共服务的一种行政学思潮和管理实践。

第四，突出协同型政府中政府的主体地位。协同型政府的设计理念主张重新复兴公共机构，增强国家在社会与市场力量之间的调节作用，强调政府加大内部整合力度，提高整体治理效能，同时，为提高人们的“自助”和“自理”能力而行动，以此在国家和个人之间形成新的分工。这一改革理念一方面重新肯定了政府在治理中的主体地位，强调通过政府内部组织结构和职能关系的重塑以提升其整体效能。协同型政府是以政府为主导的，政府、市场、社会之间，政府各部门之间，政府纵向与横向之间所形成的一种多维立体治理结构，其目的在于通过消解矛盾，增进共识，互相合作，为公众提供无缝隙的而非互相分离的服务，实现社会事务的有效治理。

四、协同型政府的构成要素与表现

协同型政府的构成要素包括：政策协同与管理协同、资源协同与服务协同。政策协同与管理协同是协同政府运行的过程，资源协同与服务协同是协同政府的运行结果。在这个动态的协同型政府运行过程中，实质上受到利益共识、价值共识、资源匹配、能力匹配、制度约束和伦理约束的制约，协同的意愿是基于利益和价值共识的基础上达成的，能力与资源的匹配形成协同的资本，而这种协同不仅要靠制度的刚性制约，还需要伦理的内在约束。

协同型政府动态主要表现在：协同型政府所面对的问题不是静态的，在公共事务的治理过程中，一个问题的出现可能是多种问题的综合，且其变化具有不稳定性；问题的不确定性导致政府解决问题时需要协同的主体是不确定的；事物发展的不确定性使得治理过程不是稳定静止的。

五、协同型政府理论的应用

协同型政府被视为是对新公共管理改革中公共部门结构性分权改革的回应，缓解公共服务之间的紧张关系。它关心的是解决不属于任何其他部门责任的“恶性”问题，并敦促部门和单位集中精力处理问题，而不考虑部门的界限。它的外在运行形态是在多个但相互关联的问题上以单一的单位运作。协同型政府理论的应用，目前主要集中于政府机构改革、跨区域的合作、公共事务治理的研究。

在政府机构改革的研究中，大部门改革、政府部门关系、地方政府改革等是这类研究的主题，组织创新、流程再造、民主科学决策、行政效率提升等成为主要的关注点。

跨区域合作研究的经典问题主要包括流域治理、“城市圈”、

“产业带”等，其主题大多类似，多以区域经济学研究、产业链研究作为分析框架，借用协同型政府理论，并运用产权理论、公共选择理论、博弈论等，对流域治理、“城市圈”或“产业带”规划中的区域合作问题进行分析。

公共事务治理的研究多关注公共服务供给、社会管理创新等问题，依靠协同型政府理论分析框架，关注政府与市场、社会在公共事务中如何建构有效的合作伙伴关系问题。

此外，针对老龄化问题构建的协同治理模型、公共危机协同治理模式、政策冲突治理模式、针对电信诈骗构建的协同治理模型等多种模型，拓展协同政府的适用性。

第五节　诚信型政府

之所以建设诚信型政府，是因为一切公共权力都来源于人民，政府作为国家的派生物，它的权力也全都是由人民让渡的，必须是为人民服务的，政府合法性的根本问题在于人民群众对其政治统治的认可，这是判定政府合法性的主体，判定的主要依据主要有政治理念、行政行为、法律法规等。人民群众是不是从真正意义上认可政府合法性，就在于人民群众对政府的信任程度。而人民群众对政府的信任，则取决于政府的诚信。

政府讲诚信与政府能否做到诚信是两个概念，政府去宣传诚信、讲诚信是为了能够建立起社会的诚信体系，建立公众之间的诚信关系，而政府做到诚信则有利于政府在公众内心当中树立政府的公正诚信形象，建立政府信任关系。政府原有的行政命令、指挥权力、管理职能，都逐渐开始向着谋求共识、采取共同行动这一主要方向去前进，政府信任关系在当今社会的作用是非常突出而重要的。在当前，政府开展社会治理，需要以信任关系的确立为前提，而这种政府信任关系建立在何种程度上，取决于政府在何种程度上做到了诚信。

一、诚信型政府的含义

诚信型政府的正式提出是在 20 世纪后，弗朗西斯・福山从政治文化角度给出了诚信型政府的明确概念。他认为：政府受人民之托，管理各项社会公共事业。它的诚信说到底就是要践行契约，要依法履行责任，要维护和实现选民的利益。具体来说，诚信型政府不仅仅体现在政府自身的执政理念、执政态度上，更体现在政府的执政行为上，体现在政府与社会的互动上。

政府是否诚信是政治发达与否的重要标志。塞缪尔・亨廷顿指出："政治上发达的社会与政治不发达的社会，其区别就在于它是否具有能够赋予公共利益以实质内容的政治制度"。道德社会与非道德社会之间的差别也在于此。制度化水平很低的政府，不仅是个软弱的政府，也是不道德的政府。缺少安定与有效政府的社会，其公众之间一定缺乏互信感，缺少对国家和公共事业的忠诚，也不具备组织技巧与能力。

政府诚信，就是政府对它的人民要讲求信用，诚实无欺。诚信型政府是基于公共意愿而产生的。政府要正确运用人民所赋予的权力，积极恰当地履行职责。政府的诚信体现是行政主体的一种道德人格。诚信型政府是基于公意产生的政府对其人民赋予的权力的正确运用和职责的积极恰当履行，也就是政府对它的人民诚实无欺，讲求信用，同时也表明了政府在自身能力限度内的实际践约状态。政府诚信的本质主要体现在是否得民意、顺民心，是否能够真正代表最广大人民的根本利益。政府诚信体现了行政主体的道德人格。倡导政府诚信实际上就是把政府作为一种道德的人来看待，它的核心是要求公务员个体和作为公务员群体的各级政府机关都要形成人格的自律机制，包括尊严、品格、品质、良心、良知等。

二、诚信型政府的基本要求

首先，诚信型政府应当遵守法律。政府基于宪法而产生，政府的行政行为不得违背宪法以及由宪法制定出的法律。

其次，政府真正做到言行一致，确实履行自己的承诺，对所实施的行政活动（包括履行职责与行使职权）都应该承担相应的责任。诚信型政府要言而有信，这是其必备要素。

再者，诚信型政府应具备较强的执政能力。政府的目的是为了更好地为民众服务，当一个政府成立的时候，就要有所作为，积极努力去改善人民生活水平。如果这个政府无所作为决策不力，那么就是言而无信。因此，没有政绩的政府也不是诚信型政府。

政府诚信是社会诚信的保障，政府所坚持的诚信原则，只有落实到实处，体现在具体行动中才能有所展现，才能接受社会的监督。政府及其公务员的诚信是政府诚信的基础，行政行为的诚信是政府诚信的重心，行政程序的诚信是政府诚信的关键，对行政权力的监督是政府诚信的保障。政府是否能做到诚信，很重要的一点在于行政权力是否接受社会的监督。政府机关内部，应该有一套自上而下、体系严密的层级监督制度，上级机关应对下级机关保持经常性的监督，同时也要对其产生机构负责；政府应自觉接受立法机关和司法机关的监督，应主动履行义务、承担责任；政府应保障人民、社会团体、舆论媒体等的监督权力，对反映的问题做到及时调查、核实、处理。此外，政府诚信还要求政府能勇于向公众承认过错，承担相应的行政责任和法律责任，对于侵权行为应依法进行赔偿，以获得人民的理解和信任。

三、诚信型政府的特征

在公众与政府互动关系的每个环节之中都贯穿着政府诚信，它是职能履行与公共服务提供的一种综合反映。成为一个取信于民的诚信型政府，要具备以下几点特征。

首先，要求言出必行，说与做一致。要求政府说的与做的相一致，做到不弄虚作假，不禁而不止，不言而无信。政府对社会作出的承诺要如实兑现，言出必行，赢得民众的信赖，以树立诚信型政府的良好形象。

其次，要求政务信息公开，内与外一致。政府政策透明、信息公开是政府诚信的重要表现之一。构建诚信型政府，不搞对外一套对内又一套，必须对外对内进行信息公开，做到内外一致，方能取信于民，构建诚信型政府。

再次，要求办事公正，廉洁与效能并重。诚信型政府行使权力过程中不能贪赃腐败，以权谋私，应奉公廉洁。政府在职能履行行为中应该实现角色转变，由政府管理者转向社会服务者，积极树立平民政府的形象，提高行政办事效率，办事公平公开，成为社会诚信的表率。

最后，要求政策稳定，前后一致。即要求政府的政策不是朝令夕改，而是保持一定的稳定性。即使因为一些客观的原因致使政府的政策需要在短时间内有所改变，也应及时采取一定的配套措施来减少民众因政策的急剧变动而带来的相应的损失。总之，诚信型政府就是要言行一致，兑现承诺。前后一致，政策稳定。内外一致，信息公开。廉洁高效，办事公道。

四、诚信型政府建设的途径

其一，加强诚信型政府的制度建设。建设诚信型政府应建立行政监察、行政监督制度，建立行政投诉、过错责任追究制度，让所有失信于民的政府行为都置于法律法规的监控之下。要设立多重防线，以严防死守的办法予以监督。建立科学的考评制度，加强部门间的协调、配合，实行对失信行为的联合惩治。提高失信成本，依法追究其行政及经济责任，并给予受损害单位或个人合理的补偿。要使守信者感到光荣、有价值，使失信者得不偿失，让其不敢冒失信之风险，从而完善失信惩戒制度，建立公务员诚信信息数据库制度，搭建个人诚信平台。诚信型政府的构建要着眼于政府职能转变，构建有限的服务型政府，同时树立透明理念，诚信型政府的构建要求政府提高透明度，实行政务信息公开，这也是公众信息知情权的具体表现。

其二，增强诚信型政府的道德教育。确立善治目标，提高政府人员政治行政素质，加强公务人员职业道德教育，从而增强政府的职能道德化与信用责任感，这也是构建诚信型政府必不可少的措施。可以说，有了良好的诚信道德才会有好的行政作风，才会产生好的政府行为。政府诚信道德需要加强服务理念、绩效理念、责任意识等的教育，要做到依法行政，这些是诚信型政府内在本质要求。职能履行过程中，伦理手段的运用调节，加大道德资源的配置力度，都成为社会发展在社会价值导向方面的援助，更多的可以说是道义上的一种支持。诚信教育的强化，内外的监督，都可以提高政府的诚信意识，进一步优化政府形象，改善干群关系。诚信制度建设成为个体价值取向与社会价值导向两者相互统一的基础，促进政府职能进一步道德化，从而形成一种合力，实现诚信型政府的构建目标。

第六节　节约型政府

一、节约型政府的含义

理解节约型政府首先需要从“节约”入手。从节约的字面理解，“节”，即节制，与浪费相对立，意味着一定的资源消耗或成本投入能够取得一定的效益或收益，否则就是无谓的浪费，这是建设节约型政府的底线要求；“约”，即集约，与粗放相对立，意味着以相对较少的资源消耗或成本投入能够获得相同的或相对较高的效益，或者以相同的消耗或投入能够获得相对较高的效益。从经济学的成本上看，节约主要表现为生产成本的节约和交易成本的节约。生产成本是指生产活动的成本，生产活动是人对自然的活动，生产成本的最小化意味着在给定组织制度约束下成本的最小化；交易成本是指交易活动的节约即人与人之间的活动，交易成本的最小化决定了选择最有效的组织制度安排。

在节约对象方面，学术界主要有两种观点。一是节约型政府应该节制一切可以节制的政府用度。节制政府用度包括：遏制政府的“腐败用度”、削减政府的“超载用度”、节制政府的“成本用度”、节约政府的“时间用度”。政府用度存在着中央政府与地方政府的非对称性成本差异，在不同类型的用度上的节约程度不尽相同。二是从直接的现实背景与动因上来界定，作为节约对象的重心应当是狭义的自然资源，例如政府针对自然资源制定专门的政策。节约作为政府其他用度的“资源”与节约自然资源虽有所不同，但也存在着明显的正相关性。在节约型政府的内涵中，节约自然资源是其核心内容，节约政府其他用度的“资源”只是作为节约自然资源的重要手段与必要条件而被提出和被要求。

目前学界对节约型政府研究的界定大致可以分为两种：成本节约论和高效益论。成本节约论的核心理念为“省”，即认为节约型政府的根本特色在于政府行政开支的缩减和节约，节约型政府中的“节约”不仅要求政府在管理活动中用尽可能少的财政资源，提供更多的公共产品和服务，而且力戒政府在管理活动中的铺张浪费行为。防止政府服务的浪费行为可以从政府会计入手，以最有效的方式管理政府资产和政府资源，在最优支出和服务之间建立平衡。高效益论认为节约型政府的内涵不应仅停留在缩减行政开支上，更重要的是在成本规约的前提下达到政府活动的高效益化。节约型政府即在尽量降低保证机构运转所需要的花费的前提下，高效率地使用财政资金，用尽可能少的资源获得最大的经济和社会效益、履行更多行政职能的政府模式。

综合而言，节约型政府是指政府各个机构的设立、变更、运作和包括行政立法与决策在内的整个政府体系和政府行为，通过采取法律、经济和行政综合性措施，提高资源利用率，把政府的资源消耗维持在最低水平，并以最低的资源消耗获得最大的社会和经济效益，保障经济社会的协调可持续发展。

二、节约型政府的特征

节约型政府有其自身的特征，具有很强的包容性，特征主要表现为以下几点。

一是生态政府。致力于人与自然的自然性和谐的政府，以保护和恢复自然生态平衡为根本目标和基本职能。

二是廉价、廉洁政府。廉价是节约资源，廉洁是不腐败，其中廉洁强调官员个人行政与政府行政两个层面。腐败问题直接影响着政府行为的有效程度，腐败会带来较高的成本。

三是有限、有效政府。有限政府的关注点放在政府职能、政府权力、政府责任的有限，有效政府则是关注政府管理社会公共事务的效能和效率，有限政府是有效政府的必要条件。

四是法治政府。法治的实质性承诺的复兴是重塑现代国家的核心。只有法治才能确保政府权力公平行使，监督制约政府履行节约，构建节约型政府有法可依。

五是务实政府。节约型政府反对形式主义，讲究实效，一切工作都落到实处。

三、节约型政府的构建

节约型政府的构建路径，主要体现在以下四方面。

首先，在政府理念方面增强节约意识。倡导勤俭节约、廉洁自律的“官德”，用内在道德准则约束行政行为。强化节俭教育，提升政府公职人员的节俭意识。建设节约型政府还需要政府树立成本意识、节约意识、竞争意识、顾客意识等观念，通过培训教育、奖惩措施等方式强化观念，推动节约型政府建设。

其次，在政府职能方面提高治理能力。政府职能的调整和优化有增有减，但在现时的客观环境下，改革的侧重点是政府职能的优化，节约成本，提高效率。建设节约型政府应重构政府职能体系，在公共产品和公共服务的供给方面，处理好政府与社会等关系，提高治理能力与治理体系现代化的水平。

再次，在制度机制方面夯实制度保障。着眼于完善重大决策的规则和程序，建立健全公众参与、专家论证、调研试点、党委决定相结合的科学决策机制，促进决策的法制化、科学化、民主化。推行行政问责制度，明确各部门的职责分工，形成完整的政府责任链条，将行政问责制与政府部门的绩效评估、预算审计工作结合起来。加强政绩考核机制、行政审批制度、行政监督制度等方面改革。

最后，在技术模式方面运用电子政务。电子政务是政府建设的发展趋势，通过电子政府就某一问题向内部和外部利益相关者提供公共服务。政府要加强信息化建设，发展电子政务，政府电子化不仅降低了行政成本，也缩短了政府与公众之间的距离，如面向公众的政务公开与公众互动。节约型政府应向新公共管理模式靠拢，优化模式。

第七节　回应型政府

一、回应型政府的含义

回应型政府，即政府的回应。前者是后者的行为模式，后者是前者的行为方式。对回应型政府的理解基于对政府和回应的理解。政府，从广义上讲泛指依法行使国家权力的一切机关，包括立法机关、行政机关、司法机关等所有国家机关；从狭义上讲专指执行和贯彻法律、负责组织国家事务的行政机关。回应是指对某种思想或者行为的反应；从公共管理学的角度讲是指社会互动现象、关系及过程。公共行政的政府回应有两层意思，一个是自上而下，回应来自政治长官和行政长官所发出的政策指令；一个是自下而上，回应基层利益相关者或其他人带入的问题。后者是我们通常意义上的政府回应。基于对政府和回应的理解可以得出，回应型政府，就是政府在公共管理过程中，对公众的需求和提出的问题作出积极敏感的反应和回复。总之，回应型政府是指政府或者公共组织对公众的需求作出快速反应的模式。这种快速反应包括在公众提出诉求、表达需求时有所行动和主动了解情况，提出解决问题的方案。

新公共管理视野下则将公众定位为“顾客”的地位，这使得公共服务的效能成为政府利益的决定性因素，从而促进行政主体确立了顾客驱动型政府，满足顾客的需要，而不是满足官僚机构需要的回应理念。在此背景之下，可以从以下三个方面对回应型政府内涵加以理解。

第一，回应型政府构建是一个双向互动的过程。随着新公共管理运动的兴起和发展，极具代表性的公共治理理论应运而生。根据全球治理委员会对治理的理解，治理是持续的互动，而不是一种正式的制度。从治理角度看，隶属于公共管理范畴的回应型政府，可以看出公众和社会同时扮演着回应型政府的诉求主体和回应主体双重身份。在此过程中，公众不再单单是公共政策被动接受者，政府与公众之间的合作，也是公共管理民主化的表现。

第二，回应型政府构建可以表现为制定公共政策。公共政策是政治系统对社会领域的权威输出，是政治系统对全社会的价值做权威性分配，是政府对社会需求和公众诉求进行回应的主要表现形式。针对不同层次的社会需求，政府制定不同的公共政策予以回应。如从政策制定的角度讨论农业贫困，为回应型政府农业贫困提供了一个新的视角。

第三，回应型政府是对社会需求进行引导与整合。社会是处于国家和家庭之间的大众组织，它独立于国家，享有对于国家的自主性，它由众多旨在保护和促进自身利益或价值的社会成员自愿结合而成。社会的发展使得其利益诉求不断增加，特别是政治诉求。如果忽略了公众作为政府权力的最终所有者的身份，政府要保证服务绩效是不可能的。但政府作为一个管理协调的机构，要做的不是一味地满足社会的需求，而是对公众诉求加以引导和整合，实现多数人的利益，以实现统治的目的。

二、回应型政府的类型

按照不同的分类标准，可以将回应型政府分为不同的类型。

按照回应型政府的演进历程，可以分为权威型回应、管制型回应、准市场型回应、市场型回应和民治型回应。

按照回应型政府的表现形式，可以分为话语性回应、行动性回应和制度性回应。按照回应的对象可以分为对政治指令的回应、对行政程序的回应、对行政目标的回应、对单一公众的回应、对合作方的回应和对需求冲突的回应等。

按照回应型政府的内容，可以分为决策性回应、规制性回应、服务性回应和控权性回应。其中，决策性回应是指政府制定政策过程中广泛征求民意的一种决策回应方式；规制性回应是指坚持政务公开，保证政府规制权能够公平运转，建立申诉、听证、复议等回应环节的正当程序，以制度来推动实质性正义的运行；服务性回应是指政府要对服务项目进行评估，不确定的问题要作出说明，并就公众的需求不断改进回应方式，以提升政府公共服务水平；控权性回应与监督方式密切相关，指政府需要建立起述职述廉、重大事项报告、质询和民主评议等制度。

三、回应型政府的基本特征

第一，以民为本。政府回应的本质，就是回应公众利益，处理公共事务，解决公共问题，这也是对回应型政府的主要要求之一。在传统政治学者看来，政府与社会、公众的关系，主要通过选举投票和多数决定的民主原则来实现。但在实践中，由于长期形成的官僚体系对于社会的支配地位，在很大程度上，社会和公众不得不依赖这样的政府官僚体系。因此，官僚体系对社会需求反应的时效与质量，直接决定了在政府回应社会的过程中，政府与社会之间关系的优劣。这一关系的优劣，是政府体现其回应性、回应能力、回应的稳定性或可持续性的晴雨表。显然，以民为本的政府才能建立起优良的政府与社会之间的关系。以民为本是回应型政府最基本的价值观和动力源泉，从而也是回应型政府的首要特征。

第二，服务导向。新公共管理运动，实质上是从官僚制向后官僚制的转型运动，公共管理作为一种新型的政府模式，体现的就是一种公共服务精神。新公共服务理论在对将政府服务对象看成顾客提出批评的同时，十分强调的就是服务。无论是新公共管理理论下“顾客驱使的政府”对公众顾客身份的界定，还是新公共服务理论下“公众导向的政府”或“主人的政府”对公众主人身份的认可，都从不同角度表明，政府必须像企业对待顾客一样，以服务为导向，全面回应“顾客”的需要。这说明对政府以服务为导向的要求，有着广泛的理论基础。以服务为导向的政府，才能体现以民为本的要求，更为负责、有效地协调各类社会利益主体的关系，解决各类公共问题和社会问题，实现公共利益，才能成为回应型政府。

第三，合作共治。公共治理理论深刻揭示了政府与社会间的合作对善治的重要性。一方面，政府要积极扶植和支持社会组织的自主管理，努力为社会力量的发育创造条件，促进社会治理体制的建立和完善；另一方面，各类社会组织要积极与政府配合，及时向政府反映社会成员的意见、要求，及时提出合理建议，在与政府合作过程中，积极帮助政府，使政府的回应性得到稳定、有效、持续的强化和提高。善治离不开政府与社会间的合作共治。新公共服务理论在扬弃新公共管理理论，特别是其中的企业家政府理论的基础上，揭示了当代社会所要求的政府与社会间服务与被服务的关系，也强调了政府与社会间合作的重要性。政府对社会的回应方式应进行彻底变革。在现代社会里，公务员不仅将日益扮演一种调解、中介、申说、裁判的角色，而且将以促进协商以及解决冲突的技巧，取代管理控制的方法。公众、社会作为公共事务管理的平等主体，在融入政府治理过程中，实现合作共治，一方面，可以在克服政府垄断对公共事务管理的基础上，形成政府与社会间“回应—参与”的良性互动，从根本上防止政府误读甚至挪占公共利益，提高和确保政府回应社会的自觉性、稳定性、有效性和可持续性；另一方面，可以以公共治理主体，而不是被动接受者的身份，于事前、事中、事后参与公共利益的实现过程，推动公共利益的最大化，在实现善治的过程中挖掘政府回应的最大潜能；同时，可以更好地集中民智，改善公共决策，提高政府回应能力。总之，政府与社会间的合作共治，有利于促进以民为本、服务导向的政府回应机制的建立，是形成回应型政府体制的重要基础，是回应型政府的核心要求和主要的运行特征。

第四，及时反应。政府及时反应社会诉求，强调的是政府对于社会的回应必须快速，否则就难以及时；必须有效，否则就“不到位”。“快速”是指在回应社会的有效期内，政府要以尽可能短的时间，对社会提出的需要政府予以解决的问题给予积极响应，并在与社会积极合作的基础上解决问题。“有效”是指政府回应社会的方向有效，即政府帮助社会解决问题的基本方向符合公共利益的实现方向；内容有效，即政府具体解决问题的内容符合而不偏离社会基本或主要的价值或需求；时间有效，即政府在解决问题所要求的时段内解决准确反映社会诉求的问题。当然就时间的有效性而言，不是说解决问题的速度一定是越快越好，而应该是“正当其时”。总之，快速、有效地回应社会需求是对回应型政府的基本要求。

第五，依法治理。回应型政府要求建立一个与权威和绝对统治相对的政府，即负责、有限的政府，而法治则是达到这一目的的最佳手段。所谓依法治理，是指政府与社会间的合作共治必须依法进行，否则政府对于社会的回应，就难以有体制和机制的保证。首先，政府必须守法，即政府参与治理的过程只有依法进行，才能使以民为本、服务导向的基本理念，与社会合作的治理方式，对社会需求予以及时反应的基本要求，具有法制保障和刚性约束。其次，公众或社会必须守法，即公众或社会参与治理的过程必须依法进行，才能确保其在有序参与的基础上，向政府表达正当、合理的利益诉求，使得政府能够在合理、合法的范围内予以及时反应。总之，依法治理是治理和善治的基本要求，也是使政府回应制度化、体制化的基本保证，因而是回应型政府的又一重要特征。

四、回应型政府的运行模式

第一，明确服务社会的价值取向。传统政府管理模式强调的是对科层体制下僵化的规则、办事程序负责，面对社会公众，公务人员、政府常常可以无视或忽略其行为对受众所产生的实际效果，实施强制性管理，而被管理者却几乎失去了选择政府服务的权利。因此，服务社会是社会或公众对政府的基本要求，更是回应型政府当然或必然的价值取向。新公共管理运动以来，全球性的政府改革浪潮彰显了政府服务社会的理念：政府对待公众要像企业对待顾客一样，以满足顾客需要为价值取向；只有顾客驱使的政府才能满足多样化的社会需求，才能促进政府服务质量的提高。新公共管理运动在一定程度上冲击了传统公共行政中的“政府—社会”关系，政府已难以再是凌驾于社会之上的、封闭的官僚机构，而是负有责任的“企业家”，公众则是其“顾客”。没有服务社会的价值取向的明确，就谈不上政府对社会的回应，更谈不上回应型政府运行体制的建立。以新公共管理运动为发端，“顾客导向”的政府改革取得了明显成效。总之，服务社会已成为各国政府改革的价值取向，理应成为回应型政府最重要的价值目标，并成为回应型政府运行模式的重要组成部分。

第二，增强政府与社会等治理主体合作关系。回应型政府是具有回应能力的政府，是具有稳定、可靠、可持续、制度化的回应性的政府。政府是回应主体，社会是政府回应的客体。“政府—社会”之间，构成了回应型政府体制内最重要的关系。要确保政府对于社会的回应能力不致衰减，政府对于社会的回应性不致丧失，就政府而言，政府的力量是内因，社会的力量是外因，社会力量是建成回应型政府的不可缺少的外部条件；就社会而言，社会的力量是内因，政府的力量是外因，社会的力量则是建成回应型政府的决定性条件。在这里，传统政府中心论的政府理论的偏颇，受到了无法抵御的冲击：无论是“以政府为中心”，还是“以社会为中心”，在回应型政府体制内，政府已不再是唯一的支配力量，社会作为政府回应或服务的对象，对回应型政府的治理过程，同样应该发挥支配性作用。一是社会需要影响政府的回应性。作为政府的回应对象，社会的态度、力量、要求，影响了政府是否回应，回应的速度、质量、效果，以及回应是否可持续等。二是社会的参与有利于提升政府的回应力。能否预见社会需求，及时、有效地满足社会需求，维护公共利益，是判断政府回应能力的基本依据。社会参与政府活动的具体过程，使得政府与社会间的互动更为及时、有效，一方面，有利于使政府更超前、更准确地了解把握社会需求，提高政府回应社会的预见性和针对性；另一方面，有利于使社会对政府回应或服务的满意度及时反应，提高政府回应社会的内在动力和外在压力；同时，也有利于政府在与社会密切互动、合作中，提高回应社会的效果。总之，政府与社会都应该是回应型政府的治理主体。

第三，确保透明、快捷的治理过程。善治的政府应该是回应性强的政府。就政府而言，要实现善治，一方面，要透明。透明程度愈高，善治的程度也愈高。另一方面，要快捷。公共管理人员和管理机构必须对公众的要求作出及时的和负责的反应。所谓“及时”，就是公共管理人员和管理机构不得拖延对于社会的回应，政府反应必须灵敏准确。政府要及时有效地回应社会或公众需求，就必须以真实、可靠的信息为基础，否则，政府就不可能了解回应社会的具体问题、内容，以及如何正确地回应社会；而政府要获得真实、可靠的信息，政府回应社会和公众参与政府治理的渠道就必须畅通，否则，政府与社会之间真实、可靠的信息，就难以及时、准确地通达对方，政府反应就会滞后，甚至由于反应不及时导致政府回应失效。可见，在政务公开基础上的信息公开，即政务透明，在运作过程中确保流程畅通与快捷，有利于社会对于政府治理过程的参与和监督，确保了政府的回应性，提高了政府的回应力，是回应型政府实施有效治理的内在要求。

第四，实施责任约束与结果负责的绩效评估。改变传统政府治理模式下社会与政府间事实上的不平等地位，才能形成政府回应社会的自觉性、责任感和持续的动力，才能建立起政府回应社会的有效机制，建成回应型政府。政府绩效评估的目的就是要努力实现经济、效率和效益三方面的最佳结合和平衡，实现资源的有效配置，主要是借助目标导向机制、财政控制机制和激励机制。通过这些机制，在一定程度上降低政府运作成本，提高公务员服务社会或公众的压力与动力，从而提高政府运作效率，并通过对政府行为结果的考核，促进政府对社会需求的及时回应。通过对政府的绩效评估，改进公共责任机制，使政府的战略和措施落到实处。社会或公众成为政府绩效评估的重要主体，促使政府与社区、公众之间形成某种意义上的战略联盟，社会或公众直接参与政府战略目标、绩效指标和标准的制定，甚至参与财政预算的安排等，有利于使政府战略和具体工作能够更多、更好地反映社会或公众的需要。公开对政府进行绩效评估，是对政府强有力的导向。评估的内容、评估的结果让社会或公众知晓的程度，非常直接地影响了政府的价值取向和具体行动。这是确保政府回应性、提高政府回应力、形成政府回应机制的关键性步骤。

第六章　政府评价

第一节　政府形象

一、政府形象的基本内涵

在现代政治和经济领域内，组织、企业等常常因为一些不友好的作为导致整体性质被全盘否定，从而无法与相应的目标公众进行沟通和交流，导致正面形象的完全崩溃，这便是一个组织形象的损坏。对于政府来说，政府形象是政府系统在运作中，自身的行为与活动产生出来的总体表现与客观效应，以及公众对这种总体表现与客观效应所作的较为稳定的评价。政府或其他组织的相关政策以及行为在公众心目中留下的印象十分的重要，因为它决定公众对一个组织的态度，决定公众对组织的政策和行为是否理解、支持和认同，因而也决定着组织的命运。任何一个政府无不十分重视自己的形象建设，以使政府在行使职权时更有公信力和效率，顺利地推行各种政策，实现政府管理的目标。政府形象是政府以其方针、政策、目标管理以及领导人、公务员的行为等要素作用于社会公众而形成的一种综合认知的结果，即社会公众对政府组织印象的总和。

政府形象作为政府重要的无形资源，与政府公信力、政策执行效率等息息相关，对于维护国家的政治和社会稳定有着重大意义。

二、政府形象的模式

学者们提出了两种不同的政府形象模式，一是形象破坏模式，二是形象提升模式。

在政府形象破坏模式中，主要有两种政府反应行为表现，即政府不作为和政府乱作为。政府不作为行为，是不去完成本来属于政府管理的相关职能，面对监督者质疑，仍然采取沉默应对的态度，毫无回应，任由事态发展；而政府乱作为的行为，具体又有四种不同的表现：应对缓慢、敷衍塞责、封锁堵截、打击报复。总的来说，政府的不作为和乱作为可以统称为政府形象破坏模式。

政府形象提升模式是指把公众监督看作政府形象管理的一种机遇，通过快速、公开和有效地解决公共舆论事件，以适度的反应过程、满意的处理结果，显示政府为民服务和依法行政的姿态和能力，从而维护和提升政府的良好形象。另外，有的学者还提出了构成政府适度反应行为的四方面要素：反应态度、反应速度、反应程度和反应效果。

三、政府形象的内容

透明政府形象。透明政府是指政府管理过程中的信息的公开性，特别是在危机管理中，通过公开透明，不但可以减少政府与服务对象之间的信息不对称，而且可以减少政府公职人员渎职的可能性。

责任政府形象。在公共管理系统中，政府是主体，和其他公共机构直接或间接地共同行使社会公共权力，当然也必须承担相应的责任。

高效政府形象。效率是评价政府管理活动的一个重要标准以及衡量政府管理活动是否奏效的重要尺度。行政学的创始人威尔逊明确指出，行政学研究的目标在于使行政尽可能的高效率。高效政府是政府发展的重要方向之一。

另外，公务员形象几乎决定政府形象，公务员高效地完成法定职权，保持廉洁、高水平的公务员队伍建立在完善的法律制度基础之上。可以通过以下四种机制来提升公务员公共利益至上的精神，从而提升公务员素质。一是对政府服务不佳或制度运作不当的申诉权；二是通过增强员工独立决策和影响组织政策方向的能力来实现；三是通过建立对话机制影响公共政策制定；四是有赖于公众本身能够投入政策选择及提供服务的过程。

四、维护政府形象的重要作用

现代政府必须承担提供与公共利益相关的公共产品和公共服务的职能。以往政府给人的形象是命令的发布者，但是按照治理理论的要求，除了政府，只要得到民众的认可，各种社会机构和组织都可成为命令的发布者；政府的管理职能不再是强制的，而将是有限的，其实施方式也将发生改变；民众也将不再是受控对象，而是通过积极参与政府活动，变得更加自主。

良好的政府形象有利于政府公信力的建立。当权威结构处于不稳定状态时，当通常稳定的转让机制或信任呈现不稳定状态时，新的转让行为便可能出现。良好的政府形象可以提高政府的凝聚力。政府的凝聚力是政府良好形象的必然结果，也是政府良好形象的集中体现。同时，良好的政府形象有利于整个社会道德水准的提高。公务员在其整个职业生涯中都参与了“道德过程”，这些道德过程是包括例行的道德工作和计划的“道德工程”。诸如说实话、公平对待他人等。

五、政府形象治理与塑造

基于公共管理角度的研究，尤其是针对公共危机中政府形象塑造的研究十分丰富。在处理公共危机时，及时召开新闻发布会十分必要，政府有责任及时公开相关事实信息，政治家回答记者提问与主动报告的措辞需要进行专业化的训练。对于公共危机管理来说，政府形象塑造就是去引导那些身在危机之中，甚至包括处在危机之外的社会公众对政府危机管理的看法和反应。有学者指出，实施危机中形象管理战略的基本活动，提供恰当人选加强联系，以制定具体声明保持公开和诚实，保持一贯性，让心存不满者参与。这里所讲的是普遍的危机管理中的形象管理，适用于公共危机中的形象塑造。公共危机具有复杂性和活力性，出现公共危机需要采用多策略的反应，要以公众为政策重点，需要掌握强势话语权，纠正错误，一定程度扭转责任，做好相关公共部门危机沟通。也有学者强调，需要成立专门政府公共关系危机处理机构，应当由相应的危机处理机构来承担起部分公共关系职能。它的任务就是为内部和外部公众提供信息，为媒体提供新闻信息，建立信息咨询部，回答问讯和控制谣言的传播，在政府工作报告中塑造负责任、有号召力、立场鲜明的政府形象。

基于媒介管理角度的研究，从信息传播、舆情控制等方面最大程度减轻政府形象的损害。政府形象塑造包括政府、公众与媒介三大参与主体。媒介在政府形象塑造中充当中介角色，承担形象信息传播和形象评估舆情监测两大功能。政府的角色重点在形象初始规划和形象重塑，而公众是政府形象塑造系统的导航者。各参与主体各司其职，经过持续互动，使得良好的政府形象成为可能。媒介和政府形象是息息相关的，媒介传播制度一定程度上决定文化制度，影响政府声誉，在当代文化中统治政治思想和政治交流的方式。现代社交媒体对政府声誉、政府形象塑造产生极为重要的作用。新媒体时代政府的媒介控制力将会越来越弱，媒介管理要重视网络社交媒体在政府形象塑造方面的作用。政府形象具有极大的脆弱性，公共危机下进行公关活动可以控制报道方向，但是网络舆论几乎是不可控的，加强国家信息安全建设，能够一定程度上建设强大的议程设置能力，降低公共危机。

有学者认为政府形象不是一个独立的事物，而是一种客观的评价，无需刻意去塑造，只要改善民众生活，提升服务水平与满意度，领导人与政府形象就会提升。相关研究显示，政府形象是一个复杂因素作用的结果，改善经济与民主化程度、城市化与经济的快速发展并不一定提升政府满意度和政府形象，应该主动采用策略争取政府的声誉，最大程度地降低官僚主义、腐败等相关信息对政府形象的损坏，应该把政府声誉与形象塑造当作一种战略。

第二节　政府绩效评估

一、政府绩效评估的含义

所谓政府绩效，又称公共组织绩效或政府业绩等，它指政府在社会管理中的业绩效果、效益及其管理工作效率和效能，是政府在行使其职能、实施其意志的过程中体现出的管理能力。

政府绩效评估就是将政府及其各职能部门的实际工作结果与绩效目标相比较，根据政府效率、管理能力、管理成本和公众满意程度等方面进行分析与判断，评价政府组织实际工作的成果，从而对政府组织的绩效进行全面的评价。

具体地说，就是通过政府部门自我评估、专家评估、公众及舆论评估等多重评估体制，运用科学的方法、标准和程序，对政府组织这一行为主体的业绩、实际作为及其所产生的影响作尽可能准确的评价，以提供组织绩效方面的信息，诊断组织中存在的问题，从而推动政府效率和服务质量的提高。

二、政府绩效评估的模式

根据政府与社会的不同关系可将政府绩效评估划分为科层评估、参与评估、合作评估（包括委托评估及合作伙伴评估两类）、共同治理评估、独立评估等模式。不同模式在资金筹集、组织权、评估权等方面体现出不同特征。其中，组织权与评估权体现了评估主体在评估中的空间位置和职责划分。评估组织权是评估组织机构对政府绩效评估过程的总体设计和组织实施，并综合得出最终评估结论的权力；具体评估权是指选定的评估者借助一定的评估手段，对政府管理的效率、能力、服务质量、公共责任和社会公众满意程度等方面的判断。

第一种模式是科层评估。科层评估指评估发生在官僚体制内部，依赖等级制及层级制形式由政府主导的评估方式，政府制定方案并组织实施绩效评估，评估者主要由政府内部产生。实践中多体现为上级对下级、部门领导对员工的评估，此外也存在平级之间及下级对上级的评估，一般由已有机构临时承担评估任务或者专门设立评估机构组织实施。

第二种模式是参与评估。参与评估指由政府主导、制定评估方案及组织实施绩效评估，在具体评估时引入公众、专家、企业等外部主体作为主要评估者，对所感知到的政府行为进行理解与判断的一种模式。随着行政体制的改革与发展，当体制外因素对公共管理的参与及渗入增加时，对以往由政府完全主导的评估亦进行了补充和调整。政府为了更广泛获得民众支持与合作，加强政府活动的合法性基础，理性地选择吸纳公众对政府进行评估。该模式虽然也是政府主导，但在评估主体的构成上与科层评估不同，因此适用的条件也会有所差异。

第三种模式是合作评估。合作评估主要是指采用市场化机制由政府委托，社会团体、公众或者企业等作为代理人组织实施的绩效评估。一般根据合同规定双方的权责及评估事宜，经费由政府部门提供，社会组织就政府所委托的服务项目及目的提供相应的服务。可以采取政府直接委托社会组织的方式，也可采取招投标等方式，从投标单位中甄选出最佳并委托其实施绩效评估。当社会仅承担政府项目管理代理人的身份，拥有很少的处理权或讨价还价的权力，这种评估称作委托评估；当社会和政府不仅仅是代理人和委托人的关系，而更是一种伙伴关系，社会在其中拥有大量自治及决策的权力，在项目管理上也更有发言权，这种评估就是一种合作伙伴关系评估。合作伙伴关系是由双方基于信任建立的一种长期的关系，是政府与社会的良性互动。

第四种模式是共同治理评估。它描述的是一种政府和社会组织形成网络治理关系协调合作共同开展对政府的评估。这种模式与合作伙伴评估的不同之处在于，虽然同样倡导形成伙伴关系，但这种伙伴关系不仅是一种长期性的关系，并且以接受共同目标为基础，在协同发展和各自保持独立性之间精心平衡，还包括相互尊重、平等参与决策、共同承担责任。对于合作评估而言，交换双方都可精确计算出互惠性交换的价值以及评估交换的收益和损失；而对于共同治理而言，由于长期性关系的存在以及扩散性交换的特点，其中的互惠价值无法精确计算。此外合作评估的交换是非人格化的，目的在于完成交换，而不一定是对一种规范性的价值承认；而共同治理却是一种高度社会性的交换，需要对一种规范性价值的承认，相互合作关系的本身就是一种追求的价值。共同治理评估双方需要共同承担责任，这与合作治理的责任机制亦有差别。在治理过程中，政府同其他社会行动者一道共同加入到公共政策过程之中，政府只是作为行动者之一。不同行动者组成自主网络共同开展绩效评估，没有一个行动者有权支配其他行动者的行动。也就是说，在这种模式中，已经不存在某种绝对性的支配力量，各种组织站在同一条水平线上。各方的理性和利益、策略是不同的，并且往往是互相冲突的。这样，政策过程不是为了先前确定目标的执行，而是行动者在问题和偏好上交换信息，在目标和资源上讨价还价。

第五种模式是独立评估。独立评估是指由社会团体、公众或企业等主导决定是否开展评估、决定评估的主体及对象、具体组织实施评估并决定评估的程序及方式，可自主运用评估结果等。在这种模式下，政府仅仅作为被评估对象或者评估信息的提供者及评估的配合方，对评估没有决定权及主导权。独立评估最大限度避免政府对评估的干预，不受行政意志的支配，因而在独立性上有所保证，更能客观评估政府绩效。

此外，公共管理实践过程中，很多学者倡议发展“第三方评估”，强调要通过民间组织的独立评估来促进政府绩效的提高。第三方评估是指由与政府无隶属关系的学术团体、社会中介组织等民间机构接受委托或独立开展对政府绩效的评估。从严格意义上来说，第三方评估包括委托评估、合作伙伴评估及独立评估等类型或模式，由于第三方评估内部不同模式的性质差别引致我们在对其研究时必须理性地予以细化分析。在委托评估中，政府一般通过招标和直接磋商等机制，进行邀约和承诺，与社会组织及民间机构建立委托代理关系。评估任务委托给社会组织承担，由其负责评估的具体事宜，政府负责资金和制度支持。政府对社会组织进行监督，社会组织对政府负责，两者达成一种相互依赖并发挥各自优势的分工。该种模式一方面实现了双方的优势互补，发挥了市场体制“自运行”的部分作用，使政府避免陷入繁杂的具体评估事务中，可集中精力于其他核心工作；另一方面也可以依托社会力量的专业性、客观性、服务效率、公信力及影响力为政府诊断问题及提出政策建议，客观上也有助于改善政府与公众的关系。社会组织在该过程中也通过与政府的合作不断促进自身的发展，良好的委托评估制度设计应该是一个双赢结果。但事实上，委托评估及其合同管理对世界范围内的公共管理者而言都是一个挑战。根据交易成本理论，这种评估由于信息不对称、机会主义、道德风险、不确定性、资产专用性等问题的存在，会产生信息成本、谈判成本、监督执行成本等交易成本，政府面临的风险及挑战加大。社会组织普遍的志愿精神、非营利性质决定其和政府间委托代理合作机制的道德风险系数比较低，但是，如果依据代理“经济人”假设，道德风险也是应该考虑到的。社会组织也存在着与营利企业一样的追求效用最大化的经济人冲动，导致其在追求各种收益过程中降低了服务供给质量。当政府缺乏相关管理合同的经验和技能，更使得这种委托代理关系难于管控。此外，资金也是一个至关重要的问题。世界银行专家组对此进行过分析，指出如果公众个体或社会团体在对一个政府进行评估监督，而同时又靠同一个政府在资金上的支持来维持自身运作，并且政府的资助是以任意的方式进行的，那么这些评估机构很容易对被评估对象产生妥协，影响到评估功能的正常发挥。而且如果非营利组织依赖政府的资金，那么便会选择调整自己的优先次序、惯例、战略和规范以朝着有利于获得额外资助的方向努力，从而对评估产生不利影响。此外，还存在由于信息不对称导致评估信息获取困难等。因此，社会评估机构的健全、完善和成熟也需要比较长的过程。

三、我国政府绩效评估的实践

（一）评估模式

根据政府以及社会在评估中的空间位置，我国政府绩效评估主要体现为三种模式——科层评估模式、参与评估模式及合作评估（委托）模式。三种评估模式共有的特征是：在行政层级上，评估多发生在省级、地市级及区县级政府层次，乡镇及村级政府开展绩效评估的案例并不多见。评估的发起力量均为领导及上级部门，领导者推行绩效评估的目的是能够在一个竞争环境中帮助实现政治价值结果的最大化。即便在广受瞩目的委托绩效评估中，评估也均由主要领导发起并委托给学术机构开展实施，尚未出现由社会力量主动发起的绩效评估。公众更早已被认为是绩效测量和管理系统发展最小的驱动力量，即使在参与评估以及委托评估中，公众的权力及影响都是非常有限的。评估周期通常为一年，但在有些科层评估中也采取日常考核和年终考核、随时督查相结合的方式，评估持续时间为三年。

（二）评估目的

科层评估模式主要是基于控制目的。在“压力型体制”的激励下，上级政府为了完成自身的发展目标，往往会给下级政府施加压力，上级政府通过任务分解，量化管理指标，为地方政府规定一些刚性的任务以求得下级政府的合作，并关注下级政府是否按照自己的政策意图办事以及办事的效率。上级政府通过评估可以控制被评估政府，达到其领导目的，其侧重点是提高下级政府对绩效目标的接受度，通过下级政府间的竞争加快绩效目标的实现，提倡下级政府灵活自主地完成绩效目标，重视对绩效目标的总量控制。参与评估模式的目的更为多元，既有辨别组织存在哪些问题的纠错功能，也有确保下属完成必要任务目标的控制目的，最主要体现为提升目的，即通过引进内外部评估者使政府行为更加透明、对公众开放和显示对纳税人的价值而获得公众对政府的信任，由此政府公共行为获得公众支持，并增加公共权威的合法性。委托评估也有纠错、控制、提升等目的。政府依托社会力量的专业性、客观性、服务效率、公信力及影响力为政府诊断问题及提出政策建议，有利于建立更为科学合理的评估方案，避免既当“运动员”又当“裁判员”的矛盾，增强评估结果的公信力，表明政府希望改进绩效、提高服务质量的决心，客观上也有助于改善政府与公众的关系。

（三）评估组织机构与主体

虽然在委托评估模式中引入了学术组织作为评估机构，但总体而言，实践中仍以临时设置的评估委员会形式为主，即由党政主要领导干部成立领导小组，下设办公室（称为效能办、考核办等）的形式。办公室有的挂靠在人事部门，有的挂靠在纪检部门，有的挂靠在省直机关。领导小组的职责主要是统筹规划、组织协调和指导本地政府绩效评估工作；绩效评估办公室负责绩效评估日常工作，主要按照绩效评估委员会的部署要求，组织协调与具体指导本地政府绩效评估工作；督促检查纳入评估范围的工作落实情况。评估委员会作为临时协调机构和临时议事机构，优势在于成员由不同部门、具有不同经验、知识和背景的人员组成，跨越专业和职能界限，有利于保障评估的顺利组织实施，评估信息较易获取，评估的权威性较高。缺陷是这种组织领导方式具有浓厚的官僚色彩，成员间责任不清，通过的决策或方案折中调和的成分很大，导致评估形式主义倾向严重。此外，已有各职能部门也在评估中担任某些任务，成为绩效评估组织机构的重要组成部分。如在科层评估模式中，由各部门根据上级工作要求制定目标计划书或任务书，职能部门一般进行初审，然后由绩效评估办公室进行复审；或者由已有机构作为具体办事机构，如督查室；或者由职能部门承担某项绩效评估任务，如在很多实践中都由统计局或人事部门开展绩效评估中的社会评议部分。绩效评估机构一般都是临时组建的，组织的人、财、物都具有不固定性，政府绩效评估活动结束便立即解散；或者虽然是常设的，但都挂靠在已有机构或部门内，未单独成立及被赋予相应权力。随着评估形式及评估体系的不断变更，评估机构名称及构成也不断发生变化。

我国政府绩效评估主体有不断扩大的趋势，呈现多元化及广泛分布特征，评估权力比较分散，主要由领导、评估组织机构、相关职能部门、被评单位以及由党委、人大、政协、各辖区各部门领导、企事业单位代表、专家学者、其他社会团体（如妇联、共青团）代表、普通群众等共同构成的社会评估主体所组成。其中，上级领导、三类代表（公众、学者和企业代表）、同级单位、下级单位、自身、评估机构、相关职能部门与机构等可看作体制内评估主体；服务对象、普通公众、专家学者、企业代表等可看作体制外评估主体。体制内评估主体都要多于体制外评估主体，即便是在被广泛倡导的“万人评议政府”评估模式中，体制内评估主体也是占据多数的。相比于经过人工挑选的小范围的参与者，广泛参与所形成的更大范围的利益和意识形态的融合，有助于增加政府评估的合法性基础。

（四）评估方式

一是由领导根据评议表进行打分；二是由单位自行设立评估目标，由评估委员会审定并最终确定目标任务书，以目标体系（一般为指标考核表）作为年终考核的主要依据；三是评估组织机构对评估结果进行督查核实，并对瞒报等情况予以扣分等；四是根据已有统计数据进行评估；五是由各主体构成的社会力量进行评议，主要以问卷调查及评分表形式进行。当然，随着信息技术的发展及不断运用，网络评议开始被各级政府所重视，成为绩效评估重要方式之一。科层评估主要采取前三种评估方式；参与评估主要采取第五种评估方式；委托评估采取的是第四种以及第五种方式。近年来单一形式开展绩效评估的实例越来越少，实践中往往体现为目标考核、领导打分、社会评议、第三方机构评估共同发挥作用的综合评估模式，可以初步判断未来相当一段时间内，绩效评估将会以糅合各种形式的综合评估为主。究其原因，公共管理者面对着更多的利益相关者、面对更加多样的需求，也面临着需要其更加负责任的呼声，因此，公共部门需要更加多样化的绩效评估。这实际上也体现了政府绩效评估是对各主体多元利益的综合考虑及协调过程，由于利益因素驱动和认知偏好存在，利益诉求不同，利益相关者的角色、关注焦点及理性程度不同，由此对应着不同的评估侧重点及评估方式。问题在于，评估体系及评估方式应该服务于评估目的，各地有不同的基础条件及行政生态，势必在公共行政发展过程中有不同的需求及目标，很多政府倾向于简单复制其他地区实践，单纯追求评估的多样形式、广泛的主体及浩大的评估声势之做法势必存在很多弊端及不利影响。

（五）评估结果

对于评估结果，既有根据评分（一般实行百分制）进行排名的方式，也有标示等级（一般是级）的做法，也有区域划分法。被评对象由一个庞大的集体组成，但大部分评估结果得分都非常高，或者处于评估结果比较高的等级区域中，而且第一名与最后一名的实际差距并不大，评估的效度存在很大问题。关于结果的运用，一般多用于职位变动、评先评优等人事管理以及经济奖励等个人层面，应用于组织层面特别是与绩效预算、机构改革及分权等组织层面的很少。在科层评估及参与评估中，评估结果的运用比较广泛，如用于经济奖励、人事管理（评先评优、职务变动、学习培训机会）等。在委托评估中，评估结果运用非常有限。整体而言，我国绩效评估结果的运用具有很大随意性，缺乏制度化保障。除了个别地区外，我国从中央到地方尚缺乏绩效评估的相关法律法规及有效的结果运用机制；评估结果运用方式单一，多把评估结果与领导及员工的薪酬晋职挂钩，其他激励措施运用较少，而且往往重视物质激励，忽视精神激励，忽视了员工与组织能力的提高。

（六）提升政府绩效评估的发展策略

其一，根据评估目的选择评估模式及设计评估系统，注重目标与评估系统的匹配。为了使评估更有效，必须使得计划目标达成一致。因此，绩效评估的组织、实施、运用必须要进行目标定位。绩效评估系统开发前必须明确考评范围、组织机构或项目最重要的决策者、评估系统发生预期作用的限制资源、在系统的开发中是否会碰到某些特别的障碍等。不同的评估目的应对应不同的评估系统。绩效评估能够帮助公共管理者达到一系列目的，但是没有适合所有目的的唯一测量体系。将相同的绩效评估用于不同的目的会导致混乱的信息，并对绩效评估带来负面影响。公共管理者首先需要清楚地确定评估目的，进而才能创造或选择对应于每个目的的特定测量。

其二，实施战略层面的绩效评估，整合各评估体系。为了解决绩效评估的短视效应以及运动式、随意性问题，比较可行的方案是实施战略层面的绩效评估，即将战略管理过程和绩效评估有机结合，通过战略来定义和强化整体绩效，通过对绩效监管来实现组织战略。实施战略层面的绩效评估，要基于对组织优势、劣势、机会等分析的基础上确定组织的愿景、使命及战略目标。根据使命及战略目标确定绩效评估目标并设计绩效评估指标体系。根据组织的战略目标确定组织级的关键绩效指标，然后将其分解为部门或团队的关键绩效指标，最后把部门或团队的关键绩效指标进一步分解为具体岗位的关键绩效指标，通过目标的层层分解建立起组织的绩效目标体系，使每个成员的努力都与组织的战略目标相一致。根据绩效目标收集绩效信息并对目标完成情况予以评估，应结合外部环境的变化对评估方案予以调整及不断优化。绩效改进也不能仅仅停留在现实与绩效指标之间差距的层面上，还应结合组织的战略，从更高的层面来考虑绩效的改进；应更注意组织和员工个人能力的提升；通过提供学习和培训机会发展学习型组织；把绩效改进而非控制作为管理的根本目的；把绩效改进融入日常管理中；培育领导者及个人系统思考的能力等。

其三，科学选择评估主体，促进公众有效参与。政府绩效评估在选择特定的利益相关者作为评估主体时，应根据特定利益相关者的利益要求和特点来建构评估主体体系以及组织体系。应当综合考虑各个利益相关主体（如公众、人大、组织部门、人事部门、审计部门等）的利益诉求，在设计实践方案并付诸实践时应尽量寻求各个利益相关主体都能接受的方式，形成利益均衡。当前，随着我国社会转型，出现了社会利益分化及社会矛盾频发等问题，为了解决公众和政府间的矛盾张力，提高行政的民主价值、合法性及公众的信任，需要引导公众通过正当的途径和方式参与公共政治生活。公众参与是社会治理的基本原则，参与的广泛性、深刻性和科学性同社会治理的有效性是成正比的。如前所述，在绩效评估中公众参与形式化以及表面化问题突出，已经严重影响了公众参与的热情及绩效评估的公信力。因此，亟须建立公众有序有效参与绩效评估的制度保障及渠道平台。从政府角度而言，应通过公示制度、咨询制度、听证制度等制度的制定和完善对公众参与予以保障。政府应为社会各阶层提供利益表达的制度和程序规范，通过全程宣传、培训和引导提高评估者的理性程度及对政府的认知熟悉程度。拓展公众参与绩效评估的深度和广度，包括参与规模及权重的扩大、参与评估领域的增加、公众参与的环节增多，引导公众在绩效评估中逐渐进行全程参与，即从过去有限的低层次参与（仅仅作为评估者）逐渐发展为参与评估政策的制定、评估方案及指标的设计、具体评估等全过程。

其四，建立健全绩效评估组织机构。应在内外部组建专业性评估机构，其优势在于它对评估问题的有关程序和目标都非常熟悉，而且掌握着评估所需要的专门知识和技术，能使评估工作以科学严谨的方式进行。可以通过法律对专业评估机构的设立以及资金来源、独立运作及权威性加以规定。此外也需建立一套程序化、规范化、制度化的规范以保障组织机构运行。比如评估机构定期召开例会研究绩效评估发展中的重大问题，必要时也可以随时召开，以专题形式研究某一领域或某个方面的突出问题；通过不同的渠道，如内部公告、社会公示、网络、广播等，定期发布绩效评估取得的成绩、存在的问题以及对策建议等相关信息，鼓励公众参与和监督；及时发现评估中的问题，有针对性地提出纠正偏差的改进意见，建立有效的沟通、跟踪反馈机制及持续改进机制。此外，也可对评估机构采取资质管理方式，加强对评估机构的监管。这涉及评估机构的设立形式及其资格的获取、内部管理规范及管理制度是否健全、评估机构运行是否正常、是否具备所需的评估技能与技术，以及其他所需的有关设备是否达到要求。应把各级审计机关的职能由传统的审计扩展为绩效审计，充分发挥审计机关在政府绩效评估中的作用。

其五，加强对绩效评估信息及结果的有效运用。可与部门预算结合起来推行绩效预算，实现资金使用价值的最大化。可根据绩效评估结果进行人事制度改革，建立绩效评估的激励与反馈机制。与公务员的薪酬奖金相挂钩，可用于职务的变动。职务升降具有复合性，其变动会影响到工资、奖金、工作环境等的变化，是很重要的激励措施。对在绩效评估中连续取得优秀的被评估者予以相应的职务变动或作为升职予以优先考虑的重要因素，并切实保证落到实处。应建立有效的收益共享和结余机制。此外，还可以设置嘉奖、记功、绩效告诫、通告批评、典型强化、能力开发与提高等奖惩措施，并注重物质激励与精神激励并举，使政府部门真正产生改进绩效的长久驱动力。通过绩效评估结果的比较功能，实施标杆管理。可用于比较功能，即比较个人、组织以及不同项目之间的绩效水平。应该将比较绩效指标限制在工作条件非常相似的机构或者项目中，在所有可能的类似组织中，由于它们在重要环境因素上可能差别很大，因此应该建立一个“对照组”，即由很少几个在工作内容上更具可比性的组织组成。可以建立全国范围的“绩效标杆库”，对评价过程中的典型加以推广，以形成强大的示范效应，激励和促进落后个人及部门为改进绩效而不断努力。以绩效结果为导向，实现公共服务市场化，提高公众的满意度。

其六，加快绩效评估立法。将绩效评估与其他管理机制有效连接，立法应既体现统一性，也体现分层次性。关于评估的目标、价值取向及指标维度、组织管理原则、流程程序、评估信息的获取及处理、评估结果的利用等原则性的内容通过全国性的统一立法加以确定。各地根据具体情况、特殊的政治及地缘等要素，进一步确定各地绩效评估的具体细则及具体指标。绩效评估是整个管理系统的一部分，必须与其他子系统相互连接。这些子系统包括激励和竞争机制、信息公开机制、评估责任机制、沟通和申诉机制、监督机制等。激励和竞争机制，一般激励多为方法上的激励，即把绩效评估结果与公务员的物质激励、精神激励、工作奖励、典型强化、危机激励以及文化激励等相联系。激励机制另外一个重要的方面即为体制上的激励，它是绩效激励区别于一般激励的重要特点，指根据评估结果从宏观上，将财政、采购、人力资源管理等权力下放，使部门有更多的自主权、独立性及其他权力，增强评估主体和被评估者贯彻执行评估制度的自觉性和主动性。信息公开有利于打破传统行政管理的封闭独断，消除政府和公众之间信息不对称现象，是建设透明型政府的必然选择及顺利推行绩效评估的重要条件。一般做法是通过新闻发布会、依申请公开、社会公示、听证会、培训会以及专家咨询等形式公开绩效信息，并通过互联网、电话、邮件的方式建立切实可行的公众投诉渠道。此外，应保证绩效评估结果在新闻媒体以及内部刊物上予以如实公布，以接受社会公众的监督与制约。评估责任机制，一个以结果为驱动力的公共组织一开始就使各方都理解并具有取得成功的共同责任。要以公众为本、以结果为依据建立评估责任机制。政府绩效评估以结果为依据，就是要建立一种新的公共责任机制：既要放松具体的规则，又要谋求使命的实现；既要增强公务员的自主性，又要保证公务员对结果负责；既要提高效率，又要切实保证效能。评估沟通互动和申诉机制。评估过程中的沟通是非常必要的。评估申诉机制是一种解决失当问题的特定监督形式，属于行政救济的范畴。构建评估监督机制。为了防止和克服监督缺位、越位、不到位等现象，应该要明确各监督主体的地位、职责、权限以及监督行为的范围、方式和程序，促进监督主体的协调、配合，把不同层次、不同职能的监督主体整合为协调运转有机系统，形成监督合力。

第三节　政府公信力

一、政府公信力的含义

“政府公信力”是一个中国化的概念，并没有一个严格意义上的英文词汇能够与它相对应。英文文献中的相关研究主要集中在政府信任和政府公信度方面，并未明确提出“政府公信力”这一概念。

一般地讲，学者们将信任分为特殊信任和普遍信任两种。特殊信任产生于面对面的人际交往，而普遍信任指的是当一个共同体共享一套道德价值，这套道德价值却能够对成员的通常行为和诚实行为产生一般预期时，造成的信任关系向陌生人的延伸。政府的有效运行以公众的信任为基础，“信任是无形资产中最重要的一种。它没有外形、没有内质，但却指挥着我们的行为，而且其存在与否将统治我们的行为，仿佛它是一种有形的力量”①。

欧美学界关于公众信任与政府之间互动关系的研究，基本上都是侧重于从社会大众的角度来探讨人们对政府主体的信任程度，关注的是“政府公信度”。20世纪90年代以来，尤其是亚洲金融危机之后，公众对政府信任问题的研究成为理论界热点话题，国外对政府公信度比较全面的研究当属哈佛大学肯尼迪政府学院前院长约瑟夫·奈对美国政府公信度问题的研究。1997年，他从政府和公众两方面剖析了导致美国政府不被信任的原因，约瑟夫认为政府方面的原因包括：政府规模过于庞大，超出必要的范围；政府绩效不尽如人意，不如其他一些发达国家；经济发展和社会生活中存在问题，政治决策的过错与政治家的不诚实等。公众方面的原因包括公众的期望超出政府的能力、公众期望的后物质主义变化、保守主义的怀疑政府思潮兴起，以及对政府绩效的认识不准确等。也有学者指出，政府过程的公平性、开放性和响应性是影响政府公信的主要因素。政府赢得民众信任的能力主要取决于它能够在多大程度上提高自身“业绩水平”。

我国有关“政府公信力”的理论探讨集中出现在21世纪初，开始时主要涉及提高政府行为特别是政务信息的公开性、透明度等内容。2012年，党的十八大报告明确提出：“创新行政管理方式，提高政府公信力和执行力，推进政府绩效管理。”

政府公信力包括两个主体：一是开展行政活动的政府，二是对政府行政活动给予评判的社会公众。目前对政府公信力含义的研究基本分为两大类：第一类是将公众作为主体，政府作为客体。包括两种主要观点。一种观点认为，政府公信力是公众对政府行为的一种评价或认可，评价的对象主要包括政府信誉和形象。持有这一观点的学者认为政府公信力既包括民众对政府整体形象的认识和态度，也体现为民众对政府行政的理解和支持。另一种观点认为，政府公信力是公众对政府的信任程度。他们认为政治合法性是政府公信力产生的基础，影响力和号召力是政府公信力的主要表现，政府行政

① 法兰克·K. 索能伯格. 凭良心管理：如何通过正直诚实、信任和全力以赴的精神来改进公司的运作［M］. 游自珍，译. 北京：中国经济出版社，1999：127.

行为是影响政府公信力的直接因素。第二类是将政府作为主体，公众作为客体。也包含两种主要观点。一种认为政府公信力是政府赢得公众信任的一种能力和程度。这种观点认为这种能力指政府的影响力与号召力，认为评价标准主要体现在政府的诚信程度、服务程度、依法行政程度和民主化程度等四个方面。另一种观点认为政府公信力是政府拥有的一种权威性资源。这种观点认为公信力是在长期的实践中形成的一种无形的权威性资源，它的载体是非人格化的、具有公共性特点的公共机构。政府公信力就是政府作为公共机构在长期行政实践中获得的权威性资源。

二、政府公信力的评价指标

政府公信力评价指标是从大量纷繁复杂的信息中挖掘出来的一种非常重要的“信号”，可以不断地告知民众政府公信力状态是否正常。Marco Marozzi 构建了对公共机构信任的综合指标体系，并对德国、法国、英国三个欧盟国家的公共机构信任进行了评估，指标包含 7 个变量：对议会的信任、对立法的信任、对警察的信任、对政治家的信任、对政党的信任、对欧盟议会的信任及对联合国的信任。鉴于整体的对公共机构的信任水平和对不同公共机构的信任水平之间存在的依赖程度的不同，Marozzi 进一步采取方法分析出哪个机构在决定公共信任的水平上起着最重要或最不重要的作用，这有助于政府弄清应该在哪个机构投入更多行动和资源以监督和研究其公共信任水平，有助于决定为了提升其公共信任水平应该对哪个机构进行改革。

政府公信度是测量总体的政府公信度，主要包括按照公众的不同构成人群分为公众对政府的信任度、民选官员对政府的信任度、企业对政府的信任度等三个部分，对政府的信任的程度分为 5 个范围强度，分别是强烈赞同（权值为 5）、赞同（权值为 4）、一般（权值为3）、不赞同（权值为 2）以及强烈的不赞同（权值为 1），最后，根据调查数据计算出总的政府公信指数。

有的学者认为政府公信力的概念过于抽象，指标难以量化，但学者们还是作出了很大努力来构建政府公信力的指标体系，使政府公信力的研究更加客观合理。目前学术界对政府公信力的评价指标虽然评定标准不一，但包含的要素大致相同。范柏乃构建的地方政府信用评价指标，从最初的行政管理信用、公共服务信用、经济发展信用、社会发展信用4个评价领域中的34个评价指标到经过四轮实证筛选后由目标层、领域层和指标层3个层面构成，共有15个评估指标。舒小庆认为政府公信力如何取决于政府行为的法制化程度、政府政策的规范化程度、政府民主化程度、政府官员的道德感与廉洁程度以及政府工作的公开度这5个主要方面。杨畅利用平衡计分卡建立了政府公信力评估体系，其评估体系中包括内部基础指标、政府业绩与政府成本指标和政府公众互动指标。

三、提高政府公信力的举措

提高政府公信力的途径主要有以下几个方面。

其一，提高以人民为中心的公共服务质量，打击腐败行为。在改革的过程中将人民视为消费者或者顾客，提出“人民中心”。某些政府公信力缺失的一个重要原因是政府“行为不当”或者腐败，它对政治、经济和社会生活有巨大的危害，尤其危险的是腐败背后公众对坏消息的厌倦和无力感所造成的政府公信力衰落问题。除了采取法律规范约束、加强司法控制以及公众、社会舆论监督等制度措施外，还普遍采取通过道德基础建设来改善行政行为的“道德基础运动”，进而重建政府公信力。

其二，创新有效预防和化解社会矛盾体制。面对社会矛盾和冲突，政府如果不能秉持公平公正原则，结果可能是不但没有平息社会冲突，而且会使社会矛盾冲突加剧，进一步造成公信力流失，因此，有效预防和化解社会矛盾是政府的重要职责。

其三，构建社会诚信，构建优良政治生态。政府诚信是一种至关重要的社会资本存量，社会资本理论强调民众与政府合作可以增加政府的社会资本存量，使政府的公信力得以积累。而政府与社会的互动合作必须以保障民众的知情权和参与权为基础。公开透明是现代民主制度的必然要求，公众参与是增强了解沟通的有效手段。

第七章　政府发展

第一节　政府创新

一、政府创新的含义

创新，是20世纪最伟大的概念之一。1912年，经济学家熊彼特发表《经济发展理论》一书，首次提出了“创新”（Innovation）一词。自熊彼特以后，众多学者都从不同的角度对“创新”展开了丰富的研究。技术创新、制度创新、知识创新、管理创新等一系列有关创新的新概念和新理论被不断地提出、继承与发展。1969年，Jack Walker较早地使用了“创新”一词，描述政府采纳新政策或新项目的行为。此后，“创新”的概念正式进入公共部门。

创新有别于发明，是指采用相对于采用者而言是新的事物。政府创新就是探索政府行政的新方法、新模式，以适应新环境的变化和新现实的挑战，从而不断改善政府公共服务、增进公共利益和提高行政效率的过程。对于公共部门来说，创新不仅意味着新颖，而且需要成功、可持续并有利于公共价值。因此，政府创新包括政府提供的新服务、服务的新对象、采用的新技术、利用的新管理流程和组织结构、建立的新伙伴关系等，它们必须对政府的运作及其重要利益相关者的感知产生显著影响。

综上所述，政府创新就是公共权力机关为了提高行政效率和增进公共利益而进行的创造性改革过程。政府创新的过程，是一个持续不断地对政府公共部门进行改革和完善的过程。

二、政府创新的类型

政府创新具有多维性，许多学者提出了不同的分类。从外部政策与内部管理的角度可以将政府创新分为政策创新与管理创新，二者的采纳和扩散受到不同变量组合的影响。从时间角度可以将政府创新分为突破性创新与持续性创新，它们是政府创新的两种不同的节点。从管理流程维度看，政府创新包括7个维度：战略创新、产品创新、服务创新、顾客创新、技术创新、管理创新及合作创新。“中国地方政府创新奖”基于“治理性”特征，将政府创新主要分为政治改革、行政改革和公共服务三大类别，突出治理创新的特征。

基于上述各种观点，可以将政府创新类型划分为5种：管理创新、技术创新、合作创新、服务创新和治理创新。管理创新包括组织结构调整、管理过程和实践改变等方面。全面质量管理的采用、政府工作流程再造、行政审批制度改革等都是管理创新的体现，在节约政府行政成本、提高行政效率方面发挥了重要作用。技术创新是对组织的技术系统进行改造和更新，主要是信息技术创新，常常与现有的管理系统和组织系统结合。管理创新与技术创新的不同在于，管理创新关注管理系统新要素的采用，技术创新主要是为运作过程和服务提供方法的创新。合作创新体现在不同组织之间共同进行创新，可以是伙伴关系、联盟、合作生产、联营等组织之间合作，也可以是不同组织层级之间合作。服务创新主要是服务主体的网络结构、服务供给模式创新和技艺创新等。治理创新集中表现在治理理念、治理议程设置、治理政策网络、治理技术手段和模式等方面创新。

三、政府创新的原则

要有效地推进政府创新，必须遵循以下原则。

首先，坚持改革政府管理体制与提高公务员素质相结合。政府工作的绩效既取决于政府管理体制，也取决于公务员的素质。只有把改革政府管理体制与加强公共部门人力资源建设、提高公务员素质有机结合起来，才能最大限度地发挥政府管理创新的效果。

其次，坚持政府机构改革与政府职能转变相结合。机构改革需要辅之以职能定位和职能配置的调整以及管理方式的变革。转变政府职能需要对原有的政府组织机构、权力结构进行必要的重组和变革，否则就会出现旧瓶装新酒的现象，转变政府职能的愿望最终也会落空。

再次，坚持提高行政效率与改善政府服务质量相结合。推进政府管理创新既要着眼于提高行政效率，又要重视改善政府服务质量。提高行政效率，说到底是为了服务公众，增进公众权益，而不是为了政府机关及其工作人员自身的便利。行政效率高低是衡量政府服务质量的一个重要标准，行政效率低下的政府部门，不可能提供高质量的公共服务。

最后，坚持保持政府政策连续性与改革政府管理体制相结合。保持公共政策的确定性和变革的可预测性有利于安定人心，有利于经济社会的平稳发展；同时，只有不断改革与时代要求不相适应的管理体制，才能真正保证可持续的政治发展和动态的政治稳定。

四、政府创新的特征

政府创新具有创造性、学习性、自觉性、系统性、风险性等一般特征。此外，政府创新还具有明显不同于一般创新行为的某些特征。

首先，政府创新具有公共性。政府创新的主体是公共部门，特别是公共权力部门；政府创新的最终目的也是为了改善公共服务，增进公共利益。

其次，政府创新具有全局性。政府创新的受惠者，主要不是政府公共部门自身，而是广大的公众。由于政府掌握着社会的政治权力，政府创新的结果通常对社会有着广泛而深刻的影响。

最后，政府创新具有政治性。政府创新是政治体制改革的重要内容，它直接涉及权力关系和利益关系，十分敏感，风险性也比其他创新行为更大。

五、政府创新的发展趋势

2017 年 2 月，经合组织发布《政府创新的全球趋势》，介绍了主要国家政府创新的新趋势：一是充分利用创新工具，帮助政府进行管理和决策；二是政府的干预尺度随着技术的进步正在发生变化；三是公众正在参与到政策设计、制定与监督中；四是政府正在变革下一代服务的交付方式，既可以提供整体服务，也可以提供个性服务；五是通过实验的方式，政府在探索新型解决方案的同时能够最大程度减少代价；六是通过公务员技能的培养和资金投入来提升政府机构的创新能力。

第二节 政府再造

经济全球化造成了生产和经济增长的波动，在重压之下福利国家的表现引发公众不满，传统的官僚体制弊端不断暴露和商业管理模式优势展现形成了鲜明对比，新技术革命特别是计算机信息技术发展日新月异，使政府改革提上议事日程。

一、政府再造含义

“再造”一词最早出现在工商管理领域，由汉默和钱皮提出：“再造是对业务流程进行根本性的反思和彻底的重新设计，以便在关键的、现代的性能指标（如成本、质量、服务和速度等）方面取得显著的改进”①。

政府再造是“商业再造”理念和技术在公共领域的应用，是对公共体制和公共组织进行根本性的转型，以大幅提高组织效能、效率、适应性以及创新的能力，并通过变革组织目标、组织激励和责任机制、权力结构以及组织文化等来完成这种转型过程。

---

① Micheal H, James C. Reengineering the corporation a manifesto for business revolution [M]. New York: Harper Collins, 1993: 35.

在一定意义上，“政府再造”意味着“新公共管理”运动，英美等国家根据本国的实际，制定了各自的“政府再造”方案。在英国，伴随着奥斯本和盖布勒《改革政府》一书的风靡全球，“政府再造”一词广为人知。但自撒切尔时期以来，英国不仅一直在重塑自己的管理体系，更进行了政治改革。因此，在奥斯本和盖布勒的书之前，英国已经开展了政府再造运动，“下一步计划”方案、“雷诺宪章”、“竞争质量”方案等体现了以客户为本和市场竞争理念。美国也开展了“企业化政府”改革运动。1993 年克林顿总统发布行政命令，由副总统阿尔·戈尔组织成立国家绩效评估工作委员会，要求联邦政府设定顾客服务标准，服务标准向企业典范看齐，进行“企业化政府”改革运动。

二、政府再造内容

政府再造的内容主要包括：起催化作用的政府——政府应将政策制定和服务提供工作区分开来，集中精力制定良好的政策和规则；社区拥有的政府——把服务控制权放到社区手里，通过对社区的拨款和授权，使社区解决自身问题；竞争型的政府——增强成本意识，提供优质服务，改进服务质量；有使命感的政府——伴随着越来越多的服务“交叉”现象，政府应摆脱繁文缛节，改变照章办事的习惯；结果导向型的政府——按照部门工作效果而不是项目进行拨款；顾客驱使的政府——政府将服务对象视为顾客，制定特定的服务标准，为顾客提供最大价值；企业化的政府——政府不仅要将精力集中在花钱上，还要求得到投资回报；预知型的政府——通过使用战略规划、未来的愿景和其他工具，提高预见能力；分权的政府——彻底改造政府，将权力更多地授予一线雇员，激发他们的创造力，但同时也应制定一定规则，规范他们的自由裁量权；市场导向型政府——彻底改造政府，要引进市场机制，打破僵化的官僚制度，利用私营部门和技术调整政府业务管理。

三、政府再造战略

其一，核心战略。政府再造的核心任务，是通过创新机制来确定公共体制和公共组织的目标。如果政府部门不能确定目标，就无法区分“掌舵”和“划桨”、实现职能分离，就不能明确政府的改进目标，实现最佳管理（good government）。

撒切尔政府的“财务管理倡议”，特别是“下一步行动”方案，有效地区分出哪些活动可以私有化，哪些不可以，在部门内部设立执行机构，明确要达到的目标和工作成果、管理者的权限、危机事件的处理方式和程序等内容，使得各部门专注于自己的方向，提高部门工作效率。

其二，后果战略。再造政府需要优化公共部门的激励机制，可以运用公私部门间的“有序竞争”（此时财政税收并非衡量部门成功的最佳指标）和“绩效管理”制度来激励雇员，改变循规蹈矩、维持现状就可以获得稳定回报的官僚主义现状。克林顿政府的 NPR 纳入了许多关键功能，其中就包括广泛的审查权。绩效管理在国家和地方政府层面得到了支持，全国人权委员会将它列入再造计划的议程，提高了公共部门工作的主动性。

其三，顾客战略。再造出来的政府是具备企业家精神的政府，通过让顾客选择公共组织，制定让顾客满意的服务标准，形成公共组织提高绩效的倒逼机制，促使组织对顾客负责。现代政府要提供“以顾客为中心”的服务，满足不断增长的用户期望。1997 年，约 750 个联邦机构推出 4000 多项优质的客户服务标准；各机构和社区合作创建无障碍社区，提供一站式的交互服务，鼓励各机构必须有公共对话，走进公众，了解第一手的顾客需要；扩大互联网的使用，可以完成一站式交易，使政府信息易于访问，更容易被找到。

其四，控制战略。政府通过行政控制分权、放松管制、选择退出或特许机制等手段将重要决策权下放，有时甚至将权力移至社区。需要注意的是，政府机构中的授权不分等级，各级公务员都应得到一定范围内的授权。撒切尔政府将机构主管的部分控制权委托授权给私人部门和社会组织，将学校控制权交给以社区为基础的管制机构，将私人部门提供（部分）公共服务的功能发挥到最大化。

其五，文化战略。政府再造除了要在体制目标、激励机制、责任机制和权力结构方面实现彻底重塑外，还应持续关注组织文化的改革。NPR 发起了一场持续的文化再造活动，鼓励一线员工将再造的原则（把顾客放在第一位，减少繁文缛节，授权员工等）纳入日常工作，使联邦员工更具创业精神和服务驱动的意识，重塑政府官僚文化。

四、政府再造步骤

公共部门再造是一项极为复杂的系统工程，需要高层领导的积极支持和充分参与，需要建立筹划指导团队组织资源，需要设计团队完成重新设计，这里简要介绍公共组织再造的四项基本步骤。

其一，描述现存的过程，将组织公共的基本步骤用流程图描述出来，使雇员理解特定职能或部门之间的相互作用，尽力发现政府工作流程冗杂和障碍的做法。

其二，从客户的需求和愿望着手，逆方向进行改革。通过实地调研或公众问卷等方式确定顾客需求，然后逆向制定一个最完整的无缝隙过程，提供顾客最需要的服务。

其三，设定一个扩展性目标。制定扩展性目标的方法包括：从顾客的主要需求和不满之处着手；设定标杆，选择一个最强大的竞争对手，不断衡量自身提供的产品和服务，刺激自我持续改进，当然这个所谓的“业界龙头”并不意味着仅仅局限于公共部门。

其四，从一张白纸开始，这意味着推倒一切，从头再来，将雇员从现有的规则中解脱出来，重新审视他们的顾客，树立“顾客至上，服务至上”的改革理念。

五、政府再造的局限性

“政府再造”理论自诞生之初就饱受质疑。这一理论片面强调经济学理论和市场方法在公共部门的应用，却忽略了公共部门和私人企业的核心区别——追求公共利益的最大化。但在一定程度上，公共利益是不能量化的，片面追求绩效提升并不能保证公共服务效果的提升。“顾客至上”理念并不适用于公共部门，政府的服务对象是公众，并不是所谓的“顾客”，政府服务宪章应当尊重公众需求，鼓励公众的政治参与。坚持贯彻“顾客至上”会带来新的政府治理问题，当公众愿望与政策首选项（顾客意愿）出现冲突时，显然政策要占优势，而公众愿望只能服从于政策范围，造成新的政府与公众之间的不信任。

弗雷德里克森认为“政府再造”只是新瓶装旧酒，它所倡导的“再造”和此前的政府“改革”并没根本区别。福克斯“政府再造”仅仅是公共管理进入后现代主义的符号而已，“更好的工作”和“成本更少”这些术语只是政府的营销机制，并不能从根本上解决问题。“政府再造”缺少公共服务伦理层面的考量，每当权力不断下放，应当确认公务员是否有足够的道德素养和知识技能来确保这种自由裁量权的行使是公平、正义的。

第三节　政府竞争

政府竞争并不是与生俱有的，政府出现竞争需要有特定的政治、经济、文化背景，可以肯定地说，一个政治、经济、文化与外界隔绝的地区或国家，政府之间是不会发生竞争的，政府与政府之所以会产生竞争，其社会背景是当今世界经济和文化的一体化趋势，经济的全球化使世界变成一个巨大的市场，文化的经济化使政府成为了文化产业最大的开拓者，世界一体化趋势造成经济资源、文化资源、人才资源在地区间或国家间的自由流动，于是，就产生了政府竞争的必要性和可能性。

从必要性上说，政府竞争的目的在于吸引更多的经济资源、文化资源和人力资源，使本国或本地区经济和社会发展出现超越其他国家或地区的态势；从可能性上说，政府通过加强自身的能力建设，充分发挥政府的优势，向社会提供更多、更好、更便宜的公共产品，来降低基础产业、科技产业、文化产业投资的商务成本，构建更有利于科技、教育、文化发展和人才成长的社会环境，实现经济资源、文化资源、人力资源向本地区或本国的涌动和集聚。

一、政府竞争的含义

亚当·斯密认为，如果国家不能有效保护产权，那么资本所有者可以将资本移往另一个容易进行营业或享受财富的国家，从而得出结论，国家对产权的有效保护能够影响资本所有者，从而影响经济发展，最终影响政府竞争力，这就是政府竞争力的作用机制和效应。道格拉斯·C. 诺斯的国家理论中集中体现了政府竞争力的思想。他认为国家以保证统治者利益最大化和保证社会总产出最大化为存在目标，由于这两个目标冲突，所以国家之间不可避免地存在竞争，因此诺斯的主要贡献就是发现了国家竞争力的存在及其作用。明确提出国家竞争力问题的是迈克尔·波特，他首先提出了国家竞争力，给国家的作用赋予了新的生命力，并提出了钻石结构模型，认为通过钻石模型可以让政府竞争力发挥作用。柯武刚和史漫飞则对政府竞争及竞争力的问题从制度和体制角度进行关注，认为政府竞争力存在于制度竞争过程中，是政治过程与经济过程互动关系的体现。

地方政府竞争是政府竞争的主要领域。斯蒂格利茨认为，对地方政府进行分权能引起和促使地方政府之间的竞争，从而产生政府竞争力，迫使政府提供最好的公共物品和服务。泰伯特认为政府对公共物品的供给，体现了辖区政府的竞争力，并通过建立模型分析了该结论，提出了著名的“用脚投票”理论，对地方政府竞争进行了开创性的研究。各级政府是可以提供某种特殊产品或服务的生产者，提供的产品和服务就是政府竞争力的体现，上下级政府之间，甚至同级政府之间，都存在对资源和控制权分配的竞争。

因此，地方政府竞争是指一个国家内部不同区域经济体中的政府利用包括税收、环境政策、教育、医疗福利等手段，吸引资本、劳动力和其他流动性要素以增强各区域经济体竞争优势的行为。

二、地方政府竞争的类型

按照地方政府竞争的终极追求目标，可以把地方政府竞争划分为地方政府合作式竞争和地方政府非合作式竞争。地方政府合作式竞争的目标是如何提供让公众更为满意的公共产品和服务，政府在发展经济的时候，以社会利益作为最高标准。地方政府合作式竞争的主要方式有：一是依据具体的合作内容可以划分为交换信息、共同学习、评估与商讨、共同计划、共同负担财政支出、联合行动和合资经营；二是依据合作的流程可以划分为参与者追求的目标、谁是参与者、何时发展合作式关系、空间的向度和行动如何执行；三是依据合作的工具可以划分为议题网络、政策社群、专业网络、府际网络、地域网络与制造者网络。通过这些方式，从而使地方政府形成互惠、合作和共同发展的关系，在竞争中合作，在合作中竞争，最终将有利于公共利益的实现。而地方政府的非合作式竞争目的是创造更多的经济效益，有时会以地方政府税收减少和公共服务质量下降为代价，甚至是以当地的人文和自然环境的牺牲为代价，这种竞争也被称为“扑向底层的竞争”。

按照地方竞争主体的关系不同，可以将地方政府竞争划分为央地不同级财政竞争、同级不同地的晋升竞争和同地不同届的策略竞争，以土地依赖为例，地方政府的竞争关系表现如图 7-1 所示。

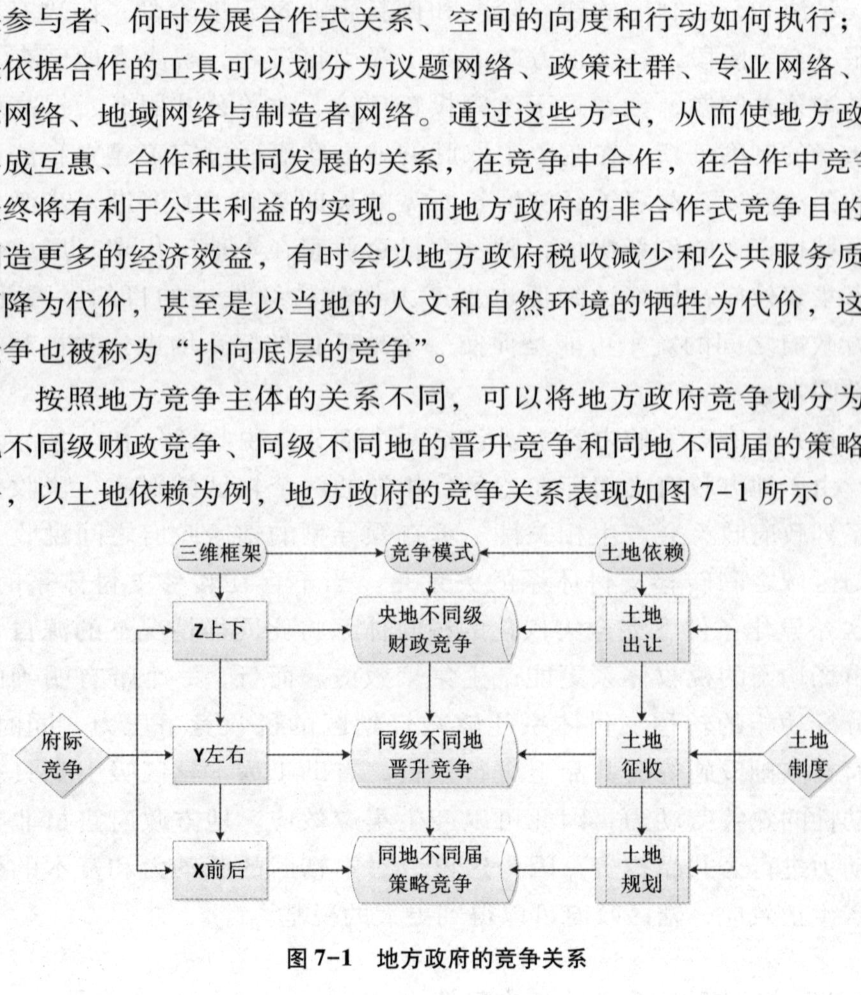

图 7-1　地方政府的竞争关系

按照地方政府竞争所争夺的资源不同，可以将地方政府竞争划分为地方政府机会竞争和地方政府经济资源竞争。地方政府机会竞争主要是指地方政府为获得发展机会而与中央政府进行讨价还价。地方政府经济资源竞争的最明显特征表现为招商引资“大战”，地方政府在经济利益的驱动下，出台各种税收优惠政策甚至不惜以环境污染为代价吸引外来企业落户本地。

三、地方政府竞争的阶段与内容

地方政府之间的竞争可以分为三个阶段：政府公共服务竞争阶段、私法和公法制度的建立阶段和创新企业家云集阶段。在政府公共服务竞争阶段，各个地方政府为了吸引投资者，解决本地区存在的各种公共问题，会着力于改善投资环境、改善公共服务、提高政府质量的制度创新。在竞争中取胜的地方政府通过完善建立私法制度和公法制度，奠定了经济增长所需的长期基础，能够进一步激发本区域投资者的创新激情，激发大量企业家在本地区集聚，形成创新者集聚效应，最终达到促进生产力快速持续发展的目的。因此，地方政府之间的竞争可能是促使一个地区长期繁荣增进公共福利的关键因素。

地方政府竞争的内容主要包括两个部分：税收竞争和公共品竞争。由于地方政府之间存在竞争，相邻的两个辖区的财政、税收等一系列政府政策会产生相关性。垂直领导型的辖区政府之间税收竞争与区域之间转移支付体系的关系是：当不存在转移支付体系时，辖区差异化条件下完全集权化的税收体系将比同样情况下的源自自由市场均衡的税收体系更能产生集聚效应。而且，一个带有明确的再分配功能的转移支付体系能够减轻辖区的税收竞争压力。同时，政府在基础设施等公共品上进行投资，有助于为本辖区吸引到具有流动性的熟练劳动力，因此可以产生集聚效应。地方政府官员非常有动力进行公共品投资，因为这可以对本辖区的劳动力和资本的效率产生正效应，辖区政府可以得到更大的税基。

四、地方政府竞争的资本条件

地方政府竞争的资本条件主要有以下几个方面。

第一，市场化程度。市场化程度从政府与市场的关系、非国有经济的发展、产品市场的发育程度、要素市场的发育程度、市场中介组织发育和法律制度环境这五个方面评价。市场化程度高，说明政府干预少，市场发育好，政府竞争能力就强。

第二，财政力量。资本是一个区域经济发展的初始和持续的推动力，地方政府经济竞争力的突出表现就是政府财力，首要的就是政府的财政收入。地方政府善于开源节流，善于进行资本聚集动员。

第三，区域竞争力和要素资源的流向。政府竞争力提升会拉动区域竞争力。不同区域之间政府竞争力的此起彼伏会牵动要素资源的流动。

第四，区域内契约安排的稳定性和可预期性。政府拥有对区域契约制度的垄断性。

第五，政府效能。政府效能是政府竞争能力的重要组成部分和重要表现，包括：政府权威、政府廉洁、政府技能。政府越受人民拥戴，信用程度越高，政府就越有权威，就越有号召力、凝聚力和影响力。政府廉洁对政府经济竞争力的增长起着外树形象内增活力的重要作用。

五、地方政府竞争的衡量模型

衡量地方政府竞争力的模型很多，其中最具有代表性的是迈克尔·波特的钻石模型。迈克尔·波特的著作《国家竞争优势》分析了国家为何有贫富之分，一个重要的因素就是国家的价值体系，他把这种价值体系形象地称为“钻石体系”（如图 7-2 所示）。

波特认为，以下四种因素决定一个国家的某种产业竞争力。

其一，生产要素——包括人力资源、天然资源、知识资源、资本资源和基础设施。一个国家如果想通过生产要素建立起产业强大而又持久的优势，就必须发展高级生产要素和专业生产要素，这两类生产要素的可获得性与精致程度也决定了竞争优势的质量。一个国家的竞争优势其实可以从不利的生产要素中形成。

其二，需求状况——主要是本国市场的需求。本地客户的本质非常重要，特别是内行而挑剔的客户。如果本地的顾客需求领先于其他国家，这也可以成为本地企业的一种优势，因为先进的产品需要前卫的需求来支持。

其三，相关产业和支持产业的表现。注意“产业集群”现象，就是一个优势产业不是单独存在的，它一定是同国内相关强势产业一同崛起。

其四，企业的战略、结构、竞争对手的表现。创造与持续产业竞争优势的最大关联因素是国内市场强有力的竞争对手。

波特认为，这四个要素具有双向作用，形成钻石体系。在四大要素之外还存在两大变数：政府与机会。机遇是可遇而不可求的，机会可以影响四大要素发生变化。从事产业竞争的是企业，而非政府，竞争优势的创造最终必然要反映到企业上。政府只有扮演好自己的角色，才能成为扩大钻石体系的力量，政府可以创造新的机会和压力，政府直接投入的应该是企业无法行动的领域，也就是外部成本，如发展基础设施、开放资本渠道、培养信息整合能力等。

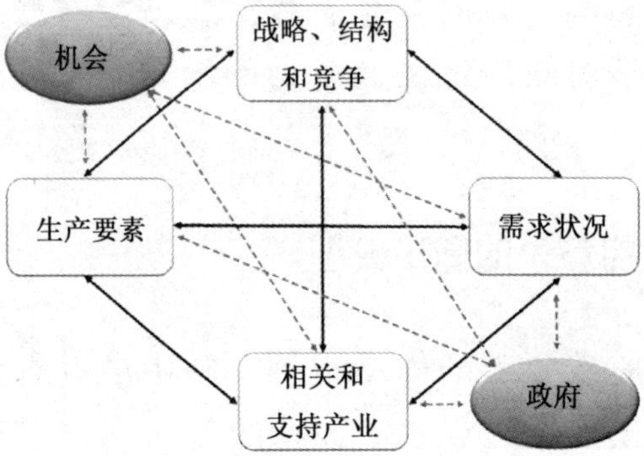

图 7–2　迈克尔·波特的“钻石体系”

此后，不同学者对钻石模型进行修正，出现多因素钻石模型、国际化钻石模型、双钻石模型和一般化双钻石模型等，丰富了政府竞争模型的解释力。

六、地方政府竞争的外部性

外部性又称为溢出效应、外部影响、外差效应或外部效应、外部经济，指一个人或一群人的行动和决策使另一个人或一群人受损或受益的情况。地方政府作为一个行动和决策主体，其竞争活动也会产生外部性，其中外部性又分为正外部性和负外部性。

（一）地方政府竞争的正外部性

第一，地方政府竞争可以促进公共产品的数量增多和效率提升。地方政府的竞争不但有利于公共产品以最少的成本获得最大的收益，实现公共产品的有效供应，同时还有利于公共产品数量的增加和品种的增多，地方政府竞争还成为地方政府改革的动力。假定政府具有“经济人”特质，那么追求高回报率的自利行为将促使政府使用有效的公共产品提供方式，而在激烈的竞争环境下，这种激励将被加强，政府也就更加有效地提供公共产品。

第二，地方政府竞争可以提高政府效率和促进经济发展。一方面，政府竞争有利于实现地方政府资源的最大化，从而实现地方政府效率的提高。另一方面，地方政府竞争对地区的发展产生积极的效果，地方政府竞争是经济发展的重要因素，主要是通过税率等因素来提高竞争力。

第三，地方政府竞争有利于地方政府制度创新。地方政府竞争在促进公共产品的优化和经济发展的基础上，公众的参与意识会日益增强。但是，政治稳定依赖的是制度化与参与之间的适当比率，当政治参与提高时，社会政治制度的复杂性、自治性、适应性和内聚力也必须随之提高。因此，为了保持整个社会的稳定，当公众参与意识增强时，地方政府就会不断地进行制度创新，推动制度变革向深层次发展。

第四，地方政府竞争有利于地方区域形成竞争优势。当具有高绩效的地方政府具备其他竞争对手难以模仿的特征时，地方政府就具有了竞争的优势。差异化作为竞争优势的基本战略特征之一，它强调选择被产业内许多客户视为重要的一种或多种特质，并成为一种独特的服务以满足客户的要求，它因独特的地位而获得溢价的报酬。

（二）地方政府竞争的负外部性

第一，地方政府竞争会导致集体的非理性，不利于经济的可持续发展。地方政府的竞争会导致“扑向底层的竞争”，尤其是政府的竞争压力主要是来自上级政府，地方主要政府官员任期时间有限，在短期利益的引诱下，有可能加剧这种“扑向底层的竞争”。这种竞争模式是以政府主要官员及其利益集团的利益为出发点，而不计公共利益付出的巨大成本。经济的非可持续发展对于公共利益来说是巨大的损失。

第二，地方政府竞争会导致社会福利下降。地方政府竞争的目的在于促进公共财政的增长，从而为基本公共服务的建设奠定良好的经济基础。但是，在地方政府经济收益不足以弥补为此付出的巨大成本时，就会使得地方政府竞争没有财力实现基本公共服务均等化目标。同时，地方政府的工作中心放在经济建设上，自然推动公共领域的动力和精力就明显不足，使地方政府从经济建设型政府向公共服务型政府转变非常艰难。

第三，地方政府之间的不当竞争必然导致地区差距进一步扩大。由于各地区起点的不同和主客观环境的差异，竞争中处于优势地位的地方政府具有更强的吸纳优质可流动生产要素的能力，而落后地区则成为优质可流动生产要素的输出地。在这种不平等的非公平竞争的情况下，只会使强者更强，弱者更弱，因此，地方政府竞争必然会使得地区差距进一步加大。

第四节　政府治理

一、政府治理的内涵

政府治理的内涵从主体性要素的关系角度，主要有三种观点：一是以政府为主体的治理。政府治理是以政府作为主体而展开的治理活动，既包括政府对公共事务的治理，也包括政府对自身实施的治理。二是对政府的治理。政府治理的主体具有多元性，是政府与其他社会力量的合作。政府治理包括有效性治理和合法性（正当性）治理两个方面，前者强调政府的效率和能力，后者强调社会的参与和民主。三是包含政府在内的多元治理，但政府在其中起主要作用。政府治理是一种新的政府管理模式，治理表明政府在对社会公共事务进行处理时身份角色的转变，由一个高居社会之上的管制者转变为协调者和引导者。由此，也带来了政府与公众关系的变化，治理具有民主性和灵活性，公众的参与度更高，体现了政府与公众的良性互动。

二、政府治理的特征

政府治理主要是通过为社会提供公共产品和公共服务来实现公共利益，在治理主体方面，政府是一个主导性主体，但允许其他组织参与，治理结构是多元的；政府治理更多运用政策工具，政府治理要注重公众的偏好，以服务为导向。

其一，治理理念上，政府治理理论主张应该重新界定政府与市场、企业、社会组织的关系，实现“善治”，让政府角色由过去的单向控制者向多向协调者转变。

其二，治理结构上，主张摆脱传统的上下层级关系，建立多元的治理结构，以便让任何实体都可以在现有法律框架下参与治理，公平地参与资源分配。

其三，治理方式上，主张由命令为主向合作为主转变。在传统社会中，由于生产力水平低下，政府往往是资源的垄断者，将政治权威运用在国家治理中也是多采用行政命令等强制方式。而在“善治”中，治理主体变得日益平等，主体间还形成了“权力依赖”的网络。依靠这些网络，政府与其他社会机构通过合作来对公共事务进行管理。

三、政府治理的作用

政府治理在国家治理中具有特殊重要的作用。即使在市场经济充分发展的今天，我国社会的运行依然离不开政府的主导，政府在我国经济社会发展中的作用不可替代。政府的这种主导性作用概括起来主要体现在三个方面：其一，政府起着组织、引领、助推、保障等总体性的作用；其二，政府在市场经济中发挥着“看得见的手”的作用；其三，政府在社会组织发育和现代公众人格塑造方面发挥助推作用。这些特殊的作用决定了政府在国家治理体系中和其他主体不同，政府治理自然与社会治理、市场治理等分支也不同，政府治理无疑是实现国家治理目标的最优先选择。从国家治理现代化的需要来看，只有政府治理的现代化，才能有效实现国家治理的现代化。

四、政府治理的模式

政府治理模式的经典阐释由盖伊·彼得斯提出，他认为从 19 世纪末到 20 世纪 70 年代期间的政府是传统的政府治理模式，学术界基本沿用了此称谓。政府治理的传统模式以早期行政科学的政治—行政二分与韦伯的理想官僚制为基础。20 世纪 70 年代以来，伴随着新公共管理运动的兴起，新的政府治理模式开始出现。彼得斯在《政府未来的治理模式》中提出四种治理模式：市场化政府治理模式、参与型政府治理模式、弹性化政府治理模式和解制型政府治理模式。戴维·奥斯本和盖布勒在《再造政府》中提出“企业化政府”治理模式，该模式包括十大原则。英国学者费利耶在《行动中的新公共管理》中提出四种政府治理模式：效率驱动模式、小型化与分权模式、追求卓越模式和公共服务取向模式。莱斯特·M. 萨拉蒙提出“新政府治理”范式。这种范式的核心思想有两点：一是社会上的各种公共议题，不是单纯依靠政府才能解决的，需要多个主体协作；二是协作关系需要公共部门的有效、持续且长期的参与，这对政府提出了更多挑战。除此之外，还有登哈特夫妇提出的新公共服务治理模式、希克斯等提出的整体性治理模式、戈德史密斯的网络化治理模式、阿格拉诺夫和麦圭尔的协同政府治理模式、奥斯特罗姆夫妇的多中心治理模式、英国布莱尔政府的协同政府治理模式和美国政府的全球—区域—邻里治理模式。

有学者认为我国政府的治理模式是一个目标管理模式，以目标完成程度作为奖惩的标准体系，从而在上下级政府间形成“责任—利益”关系。主要包括政府内部上下级之间的行政发包制和外部治理的锦标赛，即纵向发包与横向竞争的结合。

五、政府治理的发展方式

政府治理的发展方式既是一种现在时，又是一种未来时，包括各种有益的探索，其中有代表性的发展方式主要有以下几种。

其一，整体性治理。

整体性治理在机制上是一个从多元走向一体、从分散走向整体、从对立走向融合的过程。它通过修正新公共管理所导致的“碎片化政府”，为政府的治理开辟了一个独特的视角。其所主张的全新治理结构、治理过程、治理能力不仅提高了政府整体运作的效率和效能，而且通过以解决问题为导向和对既有社会资源的整合和挖掘，使得公众真正成了政策产出的受益人。整体性治理在治理结构方面必须进行政府组织架构和形态上的整合。主要包括治理层级的整合、治理功能的整合和公私部门的整合三个方面。其中，治理层级的整合，意味着对政府不同或同一层级的整合；治理功能的整合是指对拥有不同功能的政府机构进行整合，这个机构有可能是同一级，也有可能是上下层级；公私部门的整合是在政府部门与企业、非政府组织、社会组织间构建一种合作关系。整体性治理在治理过程上，主张通过频繁的跨界合作实现无缝隙的治理过程。政府应通过重塑治理过程来保证公共服务的完整性，对此一方面要建立频繁的跨界合作机制，增进公私机构间的彼此了解，将协调融合于整个治理过程之中，有效地增进职能的互补性；另一方面，通过引入“一站式办公”提高政府的运作效率，更好地解决民众关心的问题。整体性治理在治理能力的建设上，主张引入全新的治理理念和治理工具。通过回归从结果到结果的服务，使得政府不再以管理作为重心，从而能将主要精力放在为人民解决问题的过程上，提高治理能力的针对性；日常工作中，政府应尽量通过部门间、公私部门间的协同合作解决问题，使政府在公众面前作为一个整体出现，这既能提高治理水平和治理效率，也能提升政府的公众形象。整体性治理工具的创新上，高度重视信息技术的应用。借助于高度发达的信息网络，政府可以对分裂的层级、功能和公私关系进行整合；共享的数据库和信息搜寻技术，使政府在短时间内充分掌握各个领域最新信息的设想变成了现实。

其二，协同治理。

协同治理的诞生和发展，与全球化时代的来临息息相关，行政管辖边界变得越来越模糊，特别是跨层级、跨领域、跨部门的问题不断涌现，使得传统的专业化分工的政府部门难以解决这些问题。协同治理又称合作治理、协作治理，是指由政府发起的一个或多个政府部门与非政府部门一起参与，以正式商议的共识为导向，旨在制定、执行公共政策或管理公共事务的治理安排。主要包含三个维度：一是决策过程维度的协同治理。为了提高议程设置的决策效力，需要突破传统管理主义视角下的组织内部封闭式决策，取而代之的是采取开放式的协同治理，让各个利益相关主体参与其中，特别是公共事务的决策参与者不再仅仅局限于政府部门，也会包括社会公众和私人部门等组织。决策过程维度的协同治理，更多的是如何确保各个利益主体通过集体性协商制定出解决复杂问题的有效政策。二是关系构建维度的协同治理。由于协同治理存在多元化的主体，因此协同治理的效果有赖于能否构建起良善协同关系。这个意义上的协同治理致力于构建不同组织为实现共同目标形成的普遍化、常态化的合作关系。同时，这种合作关系具有开放性、透明性和包容性的特征，不同主体之间并非官僚制式的上下级隶属关系，而是表现得平等、自愿。三是实现善治维度的协同治理。现实情境的变化和行政理念的转变促进了协同治理理论的发展，后公共管理时代的简政放权、技术变革和社会网络的建立都大大提升了协同的水平，协同治理渐渐成为实现社会整体“善治”的有效方式。总之，协同治理是作为一种正能量的理想状态而存在的，也是整合分歧、形成共识、实现“善治”的动态过程，后工业社会公共性扩散及其回应必然要求政府、市场和社会之间实行协同治理，其中，政府组织是协同治理过程中的发起者，能够为建立信任和促进对话提供规则。

其三，跨域治理。

跨域治理又称跨界治理，作为政府治理的一种新理论和新理念，是指超越不同范围的行政区域，建立协调、合作的治理体制，以解决区域之内地方资源与建设不易协调或配合的问题。跨域治理广义上可应用于跨越行政区划、部门职能、组织性质的问题，狭义主要是指跨越刚性的行政区划边界的问题，这种治理过程是通过政府、企业、第三方组织与公众等多元主体的协商合作，共同实现跨域公共事务的治理绩效。跨域治理的主体具有多元性，跨域治理强调政治国家与公众之间的沟通与交流、政府与社会组织之间的合作，其治理主体包括政府、市场、非营利组织和公众在内的多元主体。政府与政府、政府与私营部门、政府与公众之间是双向互动关系，极大地克服了单一制政府管理模式所带来的组织僵化和运行低效，有助于形成多元主体共同治理公共事务的新格局。跨域治理的过程具有互动性。与传统行政区行政的单一向度不同，组织接受命令的方式不再局限于政府的单向指挥，而是建立在平等基础上的互动，需要各个参与主体的沟通、谈判、协商与合作。跨域治理的模式具有多样性。跨域治理作为一种网络化治理，包括上下级政府之间的纵向治理，地方政府之间的横向治理，以及政府与市场、公众之间的协作治理，体现了一种建立在多个层次基础上的共生治理范式。跨域行动又必须考虑相关问题所处的政治体制、经济发展、法律框架、行政文化等因素，这种针对不同层次、不同类型的跨域公共问题进行的治理，在各种外在压力和内生动力的引导下，应当根据环境变化选择适当的治理模式。跨域治理的目标具有长远性。跨域治理虽然强调治理效率，但更多地体现了治理的价值追求，以制度创新开创一种参与的公共行政新传统，实现更多的参与，体现了一种高效、民主的治理目标，进而实现公共利益和公共价值。

其四，参与式治理。

参与式治理是指与政策有利害关系的公众个人、组织和政府一起参与公共决策和执行，从而参与资源分配，实现合作治理的过程。它通过权力的让渡实现治理主体的多元化。参与主体的不断扩大使政策制定的公平与公正得以优化，治理效果、行政效率得到了进一步的提升。参与式治理强调治理主体之间的互动性。参与式治理通过政府部门与公众之间双向交流，使公众能参加决策过程，并且防止或化解公众和政府机构之间、公众之间的矛盾与冲突。参与式治理重视公众和社会团体组织作用的发挥。即积极主动参与治理过程，通过开放的渠道获得相关信息，实现有目的性的沟通和反馈互动。正是通过这样的途径，在决策另一端的公众才能够对政府决策和公共事务产生影响。参与式治理促使政府适应新形势实现转型。实现网络时代的政府转型，就要转变传统政府的管理手段和方式，加强与社会公众之间的合作。政府部门在公共政策的酝酿、谋划和具体制定阶段，应当对公众参与持积极和开放的态度，把更广泛意义上的公众个人和组织吸纳进行必要的行政权力运行过程，为公共政策的执行奠定扎实的民意基础。并且，在政策制定后执行阶段前，仍然积极征求意见，获取社会公众对政策的认同，提高执行的效率。

参考文献

一、著作

［1］ 边沁.政府片论［M］.沈叔平，译.北京：商务印书馆，1995.

［2］ 车江洪.改革公共部门［M］.上海：华东师范大学出版社，2001.

［3］ 陈富良.放松规制与强化规制：论转型经济中的政府规制改革［M］.上海：上海三联书店，2001.

［4］ 陈工.政府投资学［M］.北京：高等教育出版社，2012.

［5］ 陈红太.中国政府体系与政治：概念、总结与探索［M］.郑州：河南人民出版社，2005.

［6］ 陈尧.当代中国政府体制［M］.上海：上海交通大学出版社，2005.

［7］ 陈振明.公共管理学［M］.北京：中国人民大学出版社，2003.

［8］ 陈振明.政策科学教程［M］.北京：科学出版社，2015.

［9］ 戴维 H 罗森布鲁姆，等.公共行政学：管理、政治和法律的途径［M］.张成福，译.北京：中国人民大学出版社，2002.

［10］ 戴维·奥斯本，特德·盖布勒.改革政府——企业精神如何改革着政府［M］.上海市政协编译组，编译.上海：上海译文出版社，1996.

［11］ 戴维·奥斯本.再造政府：政府改革的五项战略［M］.谭功荣，等译.北京：中国人民大学出版社，2014.

［12］ 戴维·米勒，韦农·波格丹诺.布莱克韦尔政治学百科全书［M］.邓正来，译.北京：中国政法大学出版社，2002.

［13］ 戴维·奥斯本，彼德·普拉斯特里克.摒弃官僚制：政府再造的五项战略［M］.谭功荣，等译.北京：中国人民大学出版社，2001.

［14］ 丹尼尔 F 史普博.市场与管制［M］.余晖，等译.上海：上海人民出版社，1999.

［15］ 丁煌.西方行政学说史［M］.武汉：武汉大学出版社，1999.

[16] 范柏乃,张鸣.政府信用与绩效[M].北京:知识产权出版社,2012.
[17] 盖伊·彼得斯.政府未来的治理模式[M].吴爱明,夏宏图,译.北京:中国人民大学出版社,2017.
[18] 赫尔穆特·沃尔曼.德国地方政府[M].陈伟,段德敬,译.北京:北京大学出版社,2005.
[19] 胡伟.政府过程[M].杭州:浙江人民出版社,1998.
[20] 江海潮.国家竞争力:经济增长与均衡[M].北京:中国经济出版社,2010.
[21] 蒋劲松.责任政府新论[M].北京:社会科学文献出版社,2005.
[22] 柯武刚,史漫飞.制度经济学:社会秩序与公共政策[M].韩朝华,译.北京:商务印书馆,2002.
[23] 拉塞尔 M 林登.无缝隙再造——公共部门再造指南[M].汪大海,等译.北京:中国人民大学出版社,2013.
[24] 莱斯特 M 萨拉蒙.政府工具:新治理指南[M].肖娜,等译.北京:北京大学出版社,2016.
[25] 郎劲松,侯月娟.政府传播[M].北京:中国人民大学出版社,2015.
[26] 李景鹏.责任政府与政府问责制[M].北京:人民出版社,2009.
[27] 林尚立.国内府际关系[M].杭州:浙江人民出版社,1998.
[28] 刘华.经济转型中的政府职能转变[M].北京:社会科学文献出版社,2010.
[29] 刘积斌.我国财政体制改革研究[M].北京:中国民主法制出版社,2007.
[30] 刘靖华,等.政府创新[M].北京:中国社会科学出版社,2002.
[31] 刘君德,等.中外行政区划比较研究[M].上海:华东师范大学出版社,2002.
[32] 刘莘.诚信政府研究[M].北京:北京大学出版社,2007.
[33] 洛克.政府论[M].叶启方,菊农,译.北京:商务印书馆,1964.
[34] 马海涛,姜爱华.政府采购管理[M].北京:北京大学出版社,2016.

[35] 马克思，恩格斯.马克思恩格斯选集[M].中共中央马克思恩格斯列宁斯大林著作编译局，编译.北京：人民出版社，2012.

[36] 欧文·休斯.公共管理导论[M].彭和平，等译，北京：中国人民大学出版社，2001.

[37] 彭澎.政府角色论[M].北京：中国社会科学出版社，2003.

[38] 齐明山.行政学导论[M].北京：大众文艺出版社，2002.

[39] 乔耀章.政府理论[M].苏州：苏州大学出版社，2000.

[40] 施蒂格勒.产业组织和政府管制[M].上海：上海三联书店，上海人民出版社，1996.

[41] 斯蒂芬·戈德史密斯，威廉 D 埃格斯.网络化治理：公共部门的新形态[M].孙迎春，译.北京：北京大学出版社，2008.

[42] 孙学玉.企业型政府论[M].北京：社会科学文献出版社，2005.

[43] 王成栋.政府责任论[M].北京：中国政法大学出版社，1999.

[44] 王浦劬，萨拉蒙.政府向社会组织购买公共服务研究——中国与全球经验分析[M].北京：北京大学出版社，2010.

[45] 谢庆奎.当代中国政府与政治[M].北京：高等教育出版社，2003.

[46] 谢庆奎.中国政府体制分析[M].北京：中国广播电视出版社，1995.

[47] 亚当·斯密.国富论[M].唐日松，等译.北京：华夏出版社，2005.

[48] 于东山.转型期中国地方政府竞争研究[M].沈阳：东北大学出版社，2012.

[49] 于海峰，姚凤民.公共财政学[M].广州：华南理工大学出版社，2005.

[50] 俞可平.治理与善治[M].北京：社会科学文献出版社，2000.

[51] 张成福.公共管理学[M].北京：中国人民大学出版社，2001.

[52] 张国庆.行政管理学概论[M].北京：北京大学出版社，2000.

[53] 张志红.当代中国政府间纵向关系研究[M].天津：天津人民出版社，2005.

[54] 珍妮特 V 登哈特，罗伯特 B 登哈特.新公共服务：服务，而不是

掌舵[M].丁煌,译.北京:中国人民大学出版社,2004.

[55] 植草益.微观规制经济学[M].朱绍文,等译.北京:中国发展出版社,1992.

[56] 周庆行.公共行政导论[M].重庆:重庆大学出版社,2012.

[57] 朱光磊.当代中国政府过程[M].天津:天津人民出版社,2002.

[58] 朱光磊.现代政府理论[M].北京:高等教育出版社,2006.

[59] 竺乾威.公共行政理论[M].上海:复旦大学出版社,2008.

[60] 竺乾威.西方行政学说史[M].北京:高等教育出版社,2001.

[61] 卓越.比较政府与政治[M].北京:中国人民大学出版社,2004.

[62] ALFRED E KAHN. The economics of regulation on principles and institutions[M].Cambridge,MA:MIT Press,1988.

[63] CHRISTOPHER C.HOOD.The Tools of Government[M].London:Macmillan,1983.

[64] DAVID OSBORNE. Reinventing Government[M]. Public Productivity & Management,1993.

[65] F. Rosen,Jeremy Bentham abd Representative Democracy,A Study of the Constitutional Code[M].Oxford University Press,1983.

[66] H. L. A. HART. Essays on Bentham: Jurisprudence and Political Philosophy[M].Oxford University Press,1982.

[67] Habermas,J.The Structural Transformation of The Public Sphere [M].Oxford:Polity Press,1989.

[68] Michael Porter. The Competitive Advantage of Nations[M].California:Free Press,2004.

[69] Patrick Behan. Purchasing in Government[M].London:Longman, Group Limited,1994.

[70] Paul A. Sabatier, Policy Process Theory [M]. American Political Science Review,2002.

[71] Perri 6.Holistic Governance[M].London:Demos,1997.

二、期刊论文

[72] 薄贵利.推进政府治理现代化[J].中国行政管理,2014(5).

[73] 才国伟,张学志.政府层级错配与政府效率研究[J].经济管理,

2012(7).

[74] 曹铂,胡德仁,任康.县级政府规模影响因素的实证研究[J].软科学,2010(7).

[75] 曹超.中国地方政府竞争力与人力资本投资[J].特区经济,2010(6).

[76] 曹富国.国外政府采购理论研究[J].国外社会科学,1998(3).

[77] 曾凡军.西方政府治理模式的系潜与趋向诠析[J].学术论坛,2010(8).

[78] 曾国安.管制、政府管制与经济管制[J].经济评论,2004(1).

[79] 车运景.边沁的功利主义思想在其主权论中的运用[J].重庆科技学院学报(社会科学版),2009(11).

[80] 陈干全.解析适度政府规模:三个问题[J].中共福建省委党校学报,2002(7).

[81] 陈国富.官僚制的困境与政府治理模式的创新[J].经济社会体制比较,2007(1).

[82] 陈国权.论责任政府及其实现过程中的监督作用[J].浙江大学学报(人文社会科学版),2001(2).

[83] 陈建平.试论政府角色定位之理论范式的变迁及启示[J].云南行政学院学报,2005(5).

[84] 陈庆云.论公共管理中的政府利益[J].中国行政管理,2005(7).

[85] 陈文静,杨廷均.地方政府竞争的一个文献综述——基于公共物品供给[J].经济研究导刊,2015(3).

[86] 陈晓丹.浅析如何通过行政管理建设诚信政府[J].思想战线,2011(1).

[87] 陈振明,和经纬.政府工具研究的新进展[J].东南学术,2006(6).

[88] 陈振明.美国政策科学的形成、演变及最新趋势[J].国外社会科学,1995(11).

[89] 陈振明.政府再造——公共部门管理改革的战略与战术[J].东南学术,2002(5).

[90] 程乐意.论机构编制管理科学化[J].行政科学论坛,2014(2).
[91] 底特·本巴赫尔.责任的哲学基础[J].齐鲁学刊,2005(4).
[92] 丁煌.西方企业家政府理论评述[J].国外社会科学,1999(6).
[93] 窦宝国.我国政务微博的发展现状、存在问题及对策[J].当代社科视野,2012(3).
[94] 方盛举.学习型政府:理念与实践[J].云南民族大学学报(哲学社会科学版),2004(2).
[95] 高秦伟.架构政府责任体系的理论探讨[J].行政与法,2002(1).
[96] 高照明.论洛克自由思想的基本要素[J].南京社会科学,2011(7).
[97] 顾爱华.中国公共行政责任与追究制度探讨[J].中国行政管理,2002(8).
[98] 郭培义,龙凤娇.PPP 模式推进过程中的问题及建议[J].建筑经济,2015(8).
[99] 郭庆旺,贾俊雪.中央财政转移支付与地方公共服务提供[J].世界经济,2008(9).
[100] 郭湛,王维国.公共性的样态与内涵[J].哲学研究,2009(8).
[101] 何文盛,廖玲玲.中国地方政府绩效评估的可持续性问题研究——基于甘肃模式的理论反思[J].公共管理学报,2012(2).
[102] 何显明.市场化进程中的地方政府角色行为模式及其变迁——浙江现象的行政学解读[J].浙江社会科学,2007(4).
[103] 何增科.政府治理现代化与政府治理改革[J].行政科学论坛,2014(2).
[104] 何祖坤.关注政府回应[J].中国行政管理,2000(7).
[105] 胡连生.马克思的廉价政府理论[J].红旗文稿,2009(12).
[106] 胡淑晶.政府绩效的理论和方法[J].甘肃社会科学,2005(6).
[107] 黄腾,等.中外 PPP 模式的政府管理比较分析[J].项目管理技术,2009(1).
[108] 贾康,孙洁.公私合作伙伴机制:新型城镇化投融资的模式创

新[J].中共中央党校学报,2014(1).
[109] 贾路南.公共政策工具研究的三种传统[J].国外理论动态,2017(4).
[110] 姜异康.建设节约型政府是深化行政管理体制改革的重要任务[J].国家行政学院学报,2007(4).
[111] 解亚红."协同政府":新公共管理改革的新阶段[J].中国行政管理,2004(5).
[112] 金太军.从行政区行政到区域公共管理——政府治理形态嬗变的博弈分析[J].中国社会科学,2007(6).
[113] 景云祥.和谐社会构建中政府回应机制建设的基本维度[J].云南行政学院学报,2008(2).
[114] 康之国.公共财政视野中的行政成本控制与节约型政府构建[J].经济经纬,2008(1).
[115] 孔刘柳,谢乔昕.财政分权对地方政府规模影响的区域差异实证[J].上海经济研究,2010 (2).
[116] 孔新峰,宋雄伟.论英国"协同政府"的理念及对中国的启示[J].行政与法,2011(6).
[117] 蓝剑平.政府利益内涵的理论分析[J].中共福建省委党校学报,2005(1).
[118] 李邦铭,曾长秋.论马克思恩格斯社会管理思想[J].求实,2012(1).
[119] 李才平.再论科学界定政府职能[J].江西行政学院学报,2014(3).
[120] 李放,韩志明.政府回应中的紧张性及其解析:以网络公共事件为视角的分析[J].东北师大学报(哲学社会科学版),2014(1).
[121] 李国义,曲洪建,王凯宏.论政府投资方式的选择[J].学术交流,2006(6).
[122] 李红星,付林.基于善治理论下的地方政府治理模式选择[J].经济理论研究,2008(5).
[123] 李金花.马克思恩格斯国家职能思想研究[J].马克思主义理

论学科研究,2016(1).
[124] 李景鹏.试论行政系统的权力配置和利益结构的调整[J].政治学研究,1996(3).
[125] 李景鹏.中国走向“善治”的路径选择[J].中国行政管理,2001(9).
[126] 李明晓.完善我国中央对地方政府转移支付制度的策略选择[J].财政监督,2009(3).
[127] 李齐辉等.试论我国审计制度的构建与创新[J].审计研究,2001(2).
[128] 李雅.从政务微博看政府信息公开的发展[J].电子政务,2012(9).
[129] 李燕涛.边沁主权思想的发展及其内在逻辑[J].求索,2012(12).
[130] 林子英.政府利益论[J].广东社会科学,1999(4).
[131] 刘博逸.政府规模适度化的评价标准[J].湘潭大学社会科学学报,2000(2).
[132] 刘丹.责任政府与政府责任[J].湖南行政学院学报,2000(3).
[133] 刘江.回应视角下政府形象塑造模型的探析[J].福建农林大学学报(哲学社会科学版),2014(1).
[134] 刘巧艳.新时期我国政府职能研究述评[J].四川理工学院学报,2013(1).
[135] 刘庆乐.我国政府责任边界:理论诠释与现实设定[J].广东行政学院学报,2011(2).
[136] 刘伟.论“大部制”改革与构建协同型政府[J].长白学刊,2008(4).
[137] 刘玉蓉.政府利益对政策执行的影响及应对[J].湖北行政学院学报,2003(7).
[138] 刘祖云.节约型政府:境遇、用度与路径的剖析[J].社会科学研究,2006(4).
[139] 刘祖云.论公共行政责任的实现[J].理论月刊,2003(4).
[140] 娄成武,谭羚雁.西方公共治理理论研究综述[J].甘肃理论学

刊,2012(3).
[141] 娄成武,张建伟.从地方政府到地方治理——地方治理之内涵与模式研究[J].中国行政管理,2007(7).
[142] 卢坤建.回应型政府:理论基础、内涵与特征[J].学术研究,2009(7).
[143] 卢坤建.论回应型政府的运行模式[J].社会科学家,2009(7).
[144] 吕达,曹现.制约政府规模的几个主要因素[J].国家行政学院学报,2003(4).
[145] 吕艳滨.官方回应社会关切:问题及建议[J].人民论坛,2015(15).
[146] 麻宝斌,李辉.协同型政府:治理时代的政府形态[J].吉林大学社会科学学报,2010(4).
[147] 马栓友.政府规模与经济增长[J].世界经济,2000(11).
[148] 毛寿龙.国际与国内视野中的治道变革[J].中国行政管理,2001(9).
[149] 毛寿龙.中国政府体制改革过去与未来[J].江苏行政学院学报,2004(2).
[150] 潘涛.公共财政框架下我国的财政转移支付问题[J].生产力研究,2009(17).
[151] 潘卫杰.对省级地方政府规模影响因素的定量研究[J].公共管理学报,2007(1).
[152] 彭国甫.当代中国政府机构改革与职能转变[J].湖南社会科学,2000(2).
[153] 彭锦鹏.全观型治理:理论与制度化策略[J].政治科学论丛,2005(23).
[154] 秦荣生.受托经济责任理论与我国政府审计改革[J].审计研究,1999(4).
[155] 任俊.马克思的廉价政府思想及其当代启示[J].理论导刊,2015(10).
[156] 任维德.地方政府之间的竞争及其竞争力的提升[J].内蒙古大学学报,2005(3).

[157] 尚虎平.政府绩效评估中"结果导向"的操作性偏误与矫治[J].政治学研究,2015(3).
[158] 施养正.我国建设学习型政府的思考[J].管理世界,2011(7).
[159] 石磊.节约型政府的理论内涵与构建路径——基于生态政治的视角[J].学习与探索,2015(7).
[160] 石亮.试论马克思恩格斯国家观的理论创新[J].长江论坛,2014(5).
[161] 舒小庆.政府公信力:价值、指标体系及其实现途径——兼论我国诚信政府建设[J].南昌大学学报(人文社会科学版),2008(6).
[162] 宋超,绍智.我国财政转移支付规模问题研究[J].地方财政研究,2005(1).
[163] 宋夏云.国家审计目标的理论分析及调查证据[J].审计与经济研究,2007(6).
[164] 宋媛.以完善的财政转移支付制度推进西部大开发战略实施[J].中央财经大学学报,2010(6).
[165] 苏明,等.中国政府购买公共服务研究[J].财政研究,2010(1).
[166] 孙晋,钟瑛嫦.我国政府投资决策制度的反思及补正[J].学术论坛,2017(1).
[167] 唐亮.政府微博发展的理性思考[J].传媒,2014(5).
[168] 唐清泉,罗党论.政府补贴动机及其效果的实证研究[J].金融研究,2007(6).
[169] 唐铁汉.提高政府公信力,建设信用政府[J].中国行政管理,2005(3).
[170] 王策.诚信政府建构论[J].社会科学辑刊,2015(6).
[171] 王昶,等.地方政府发展战略性新兴产业的政策组合研究[J].科学学研究,2020(6).
[172] 王东伟.建立健全政府间专项转移支付资金运行管理新机制[J].中国财政,2008(19).
[173] 王福鑫.试论政府公信力与社会主义和谐社会的构建[J].行

政与法,2006(3).
[174] 王汉生,王一鸽.目标管理责任制:农村基层政权的实践逻辑[J].社会学研究,2009(2).
[175] 王晋军.中国政府责任与实现途径[J].理论与实践,2008(7).
[176] 王俊杰.政府机构的使命:价值及其构建意义[J].行政论坛,2015(6).
[177] 王丽莉,高键.廉价政府:内涵、建设措施及其评估系统[J].中州学刊,2004(1).
[178] 王凌峰.我国需要调整省级区划[J].中国国情国力,2004(1).
[179] 王名,乐园.中国民间组织参与公共服务购买的模式分析[J].中共浙江省委党校学报,2008(4).
[180] 王浦劬.国家治理、政府治理和社会治理的含义及其相互关系[J].国家行政学院学报,2014(3).
[181] 王元.改革完善统一规范透明的财政转移支付制度[J].经济研究参考,2009(27).
[182] 王振海,王义.地方政府购买民间组织服务的现状与对策[J].天津行政学院学报,2011(5).
[183] 王祖明.论我国政府规模扩大的原因及改革原则[J].重庆邮电学院学报,2004(1).
[184] 吴联生.利益协调与审计制度安排[J].审计研究,2003(2).
[185] 吴晓菁,郑磊.政务微博运营管理现状与对策研究[J].电子政务,2012(6).
[186] 肖文涛,程宇.基于科技创新的地方政府竞争力研究[J].行政论坛,2009(5).
[187] 谢锐君,谢俊平.建设节约型政府的角色定位与路径选择[J].陕西行政学院学报,2007 (3).
[188] 邢振江.政府工具选择与应用[J].华北电力大学学报(社会科学版),2010(5).
[189] 徐淑丹.新常态下中国政府投资结构之研判:兼论财政政策的效力与可持续性[J].经济评论,2016(1).
[190] 徐振华,贺恒信.节约型政府构建的路径分析[J].软科学,

2007(1).
[191] 许超.政府过程理论研究述评[J].湖北社会科学,2010(1).
[192] 许亦男,曾慧敏.当前政府工具的新变化对提高我国政府绩效的影响[J].经贸实践,2017(1).
[193] 颜佳华,吕炜.协商治理、协作治理、协同治理与合作治理概念及其关系辨析[J].湘潭大学学报(哲学社会科学版),2015(2).
[194] 燕继荣.变化中的中国政府治理[J].经济社会体制比较,2011(6).
[195] 羊许益,刘俊.《政府论》《政府片论》的逻辑及其对国家治理现代化的启示[J].领导科学,2014(11).
[196] 杨宝.政府购买公共服务模式的比较及解释——一项制度转型研究[J].中国行政管理,2011(3).
[197] 杨代福.政策工具选择理性分析的理论基础与实证检验[J].华中科技大学学报(社会科学版),2009(4).
[198] 杨晶,赵春艳,肖德云.政府投资概念辨析[J].商业时代,2013(5).
[199] 杨楠.试论政府责任及其实现途径[J].兰州学刊,2011(5).
[200] 杨秋菊.政府公共性的多维度分析[J].江南社会学院学报,2005(4).
[201] 杨卫华,王秀山,张凤海.公共项目 PPP 模式选择路径研究[J].华东经济管理,2014(2).
[202] 姚怡昕.完善我国财政转移支付立法的思考[J].中国财政,2008(3).
[203] 叶大凤.协同治理:政策冲突治理模式的新探索[J].管理世界,2015(6).
[204] 尹振东.垂直管理与属地管理:行政管理体制的选择[J].经济研究,2011(4).
[205] 于丹.政府行为“偏离”假设的探讨[J].云南行政学院学报,2007(6).
[206] 于立,肖兴志.规制理论发展综述[J].财经问题研究,2001

(1).
[207] 俞可平.论政府创新的若干基本问题[J].文史哲,2005(4).
[208] 俞可平.善治:政治合法性的主要来源[J].社会科学,2010(3).
[209] 俞可平.治理和善治引论[J].马克思主义与现实,1999(5).
[210] 俞可平.中国地方政府的改革与创新[J].经济社会体制比较,2003(4).
[211] 俞可平.中国治理评估框架[J].经济社会体制比较,2008(6).
[212] 郁建兴,瞿志远.廉价政府及其构建[J].天津社会科学,2011(4).
[213] 臧雷振,熊峰.政府效能和政府规模之间的隐性张力[J].中山大学学报(社会科学版),2021(4).
[214] 张超力.浅析政府角色的转换[J].社会科学论坛,2005(2).
[215] 张成福.面向二十一世纪的中国政府再造:基本战略的选择[J].教学与研究,1997(7).
[216] 张成福.责任政府论[J].中国人民大学学报,2000(2).
[217] 张立荣,冷向明.协同治理与我国公共危机管理模式创新——基于协同理论的视角[J].华中师范大学学报(人文社会科学版),2008(2).
[218] 张汝立,陈书洁.西方发达国家政府购买社会公共服务的经验与教训[J].中国行政管理,2010(11).
[219] 张文礼,吴光芸.论服务型政府与公共服务的有效供给[J].兰州大学学报(社会科学版),2007(3).
[220] 张晓敏,陈通.公共文化设施 PPP 建设运营模式研究[J].管理现代化,2015(1).
[221] 张再生.学习型政府建设的理论与模式研究[J].科学学与科学技术管理,2005(10).
[222] 张占斌.省直管县的新走向[J].决策,2006(1).
[223] 赵兴."廉价政府":建立节约型政府的目标[J].马克思主义与现实,2007(6).
[224] 赵学增.马克思的廉价政府理论[J].中国社会科学院研究生

院学报,2006(6).

[225] 郑巧,肖文涛.协同治理:服务型政府的治道逻辑[J].中国行政管理,2008(7).

[226] 周黎安.晋升博弈中政府官员的激励与合作——兼论我国地方保护主义和重复建设问题长期存在的原因[J].经济研究,2004(6).

[227] 周黎安.行政发包制[J].社会,2014(6).

[228] 周雪光.国家治理规模及其负荷成本的思考[J].吉林大学社会科学学报,2013(1).

[229] 朱光磊.政府过程的学说与方法及其在中国的适用问题[J].南开学报,1994(4).

[230] 朱华.加强节约型政府建设的路径选择[J].领导科学,2009(2).

[231] 朱健,何慧.地方高校协同创新中心政策文本研究[J].高教探索,2020(4).

[232] 朱明,谭芝灵.西方政府规制理论综述[J].华东经济管理,2010(10).

[233] 竺乾威.从新公共管理到整体性治理[J].中国行政管理,2008(10).

[234] 竺乾威.政府管理创新若干问题的思考[J].中国行政管理,2012(2).

[235] 卓越,李富贵.政府工具新探[J].中国行政管理,2018(1).

[236] 邹东升.地方政府行政诚信检视:传统、失范与重构[J].江西社会科学,2005(8).

[237] 邹广.我国转移支付的法治矫正[J].法律适用,2010(5).

[238] Alexander Buhmann, Diana Ingenhoff. Advancing the country image construct from a public relations perspective[J]. Journal of Communication Management, 2015 (1).

[239] Frederickson H. Comparing the Reinventing Government Movement with the New Public Administration[J]. Public Administration Review, 1996 (3).

[240] Frederickson. Comparing the American Reinventing Government Movement with the New Public Administration [J]. Public Administration Review, 1996 (3).

[241] H. Chang Moon, Alan M. Rugman, Alain Verbeke. A generalized double diamond approach to the global competitiveness of Korea and Singapore [J]. International Business Review, 1998(7).

[242] Lars Tummers. Public Policy and Behavior Change [J]. Public Administration Review, 2019(6).

[243] Mayo HB. Between Past and Future: Six Exercises in Political Thought by Hannah Arendt [J]. Canadian Journal of Economics & Political Science, 2007 (29).

[244] Meeyoung Lamothe, Scott Lamothe. Competing for what?: linking competition to performance in social service contracting [J]. The American Review of Public Administration, 2010(40).

[245] Tom Christensen and Per Legreid. the Whole of Government Approach to Public Sector Reform [J]. Public Administration Review, 2007(6).

[246] Valeria Costantini, Francesco Crespi, Alessandro Palma. Characterizing the policy mix and its impact on eco-innovation: A patent analysis of energy -efficient technologies [J]. Research Policy, 2017 (4).

三、学位论文

[247] 白小利.学习型政府理论及其在我国的实践[D].太原:山西大学,2007.

[248] 毕秀玲.政府会计监管论[D].厦门:厦门大学,2002.

[249] 蔡利.政府审计维护金融安全的作用机理及实现方式研究[D].成都:西南财经大学,2013.

[250] 蔡长江.中国政府信息公开制度研究[D].哈尔滨:黑龙江大学,2020.

[251] 陈诚.政府审计与国家金融安全研究[D].武汉:武汉大学,2011.

[252] 陈实.论洛克自由主义的政府观及其现代价值[D].重庆:西南大学,2007.
[253] 董静.政府绩效评估理论研究与模式分析[D].兰州:兰州大学,2012.
[254] 范斌.我国光伏产业政府规制研究[D].南京:南京航空航天大学,2018.
[255] 冯希娴.洛克政治哲学思想研究[D].扬州:扬州大学,2011.
[256] 高轩.当代中国政府组织协同问题研究[D].北京:中共中央党校,2011.
[257] 郭薇.政府监管与行业自律[D].天津:南开大学,2010.
[258] 何晓杰.论政府角色的定位与转换——构建“有效政府”的前提[D].长春:吉林大学,2004.
[259] 贺国瑞.政府补贴、产业集聚与自主创新[D].湘潭:湘潭大学,2017.
[260] 李辉.论协同型政府[D].长春:吉林大学,2010.
[261] 刘露瑶.网络互动型参与式治理研究[D].南京:南京大学,2015.
[262] 卢志朋.技术性协同治理:机制、限度与修复[D].杭州:浙江工商大学,2020.
[263] 罗中早.我国政府适度规模的经济分析[D].长沙:湖南大学,2008.
[264] 史越.跨域治理视角下的中国式流域治理模式分析[D].济南:山东大学,2014.
[265] 宋琼.马克思恩格斯政府理论及其当代中国的发展[D].扬州:扬州大学,2015.
[266] 王同新.马克思恩格斯政府公共性思想及其当代价值[D].福州:福建师范大学,2011.
[267] 王旭.学习型政府:意义研究和策略分析[D].杭州:浙江大学,2004.
[268] 王勇.政府信息公开论[D].北京:中国政法大学,2005.
[269] 吴欣煦.我国政府过程中的政治沟通[D].南京:东南大学,

2005.
［270］ 吴振雄.我国物联网产业政府补贴的效应及对策研究［D］.无锡:江南大学,2016.
［271］ 张晶晶.马克思恩格斯的政府观及其当代价值［D］.郑州:河南大学,2015.
［272］ 张理霖.智慧城市政府治理研究［D］.北京:中共中央党校,2015.

后　记

在公共管理的学习与教学工作中，“政府”是笔者接触最多的词汇。虽然有行政管理学与政治学理论作为学理指导，但是，大量政府范畴的知识点更多地以碎片化状态出现在教学与研究之中。课堂的讲授、课间的答疑以及论文的思辨讨论，追溯许多疑惑或分歧的根源，往往都是在以政府为核心的种属关联名词的起点上看法有些模糊，而且这些名词之间的逻辑关联也有所忽视。因此，能否尝试梳理以政府为本体的知识体系，一直是我多年来不断探索的命题。

学习朱光磊先生的《现代政府理论》和乔耀章先生的《政府理论》深受启发。因此，尝试以《政府学概论》作为名称编写教材。本书的“政府学”并非学科分类，而是指以政府为本体的相对独立的知识体系，包括大量政府范畴的知识点及其有序的集合结构。本书以政府含义及其公共性为逻辑起点，在马克思、恩格斯的政府学说基础上，按照架构——职任、工具——模式、评价——发展的逻辑关联，初步总结政府学的知识体系。

在编写与出版过程中，感谢东北大学教务处的教材建设支持，感谢东北大学出版社责任编辑刘振军老师的细致编校，感谢学院领导、同事的关心和帮助，感谢研究生马付顺、霍丽婷、刘聪、石婧玮、高庆和张家贺的帮忙校对。感谢参考文献的作者，让我在巨人的肩膀上从事学术研究。

由于能力和水平原因，书中存在错误或疏漏之处，欢迎大家批评指正。

高　进

2021 年 10 月